MARX-ENGELS-FORUM – JA!

Plötzlich diese Teilhabe

ERIK GÖNGRICH

BERLIN 2017

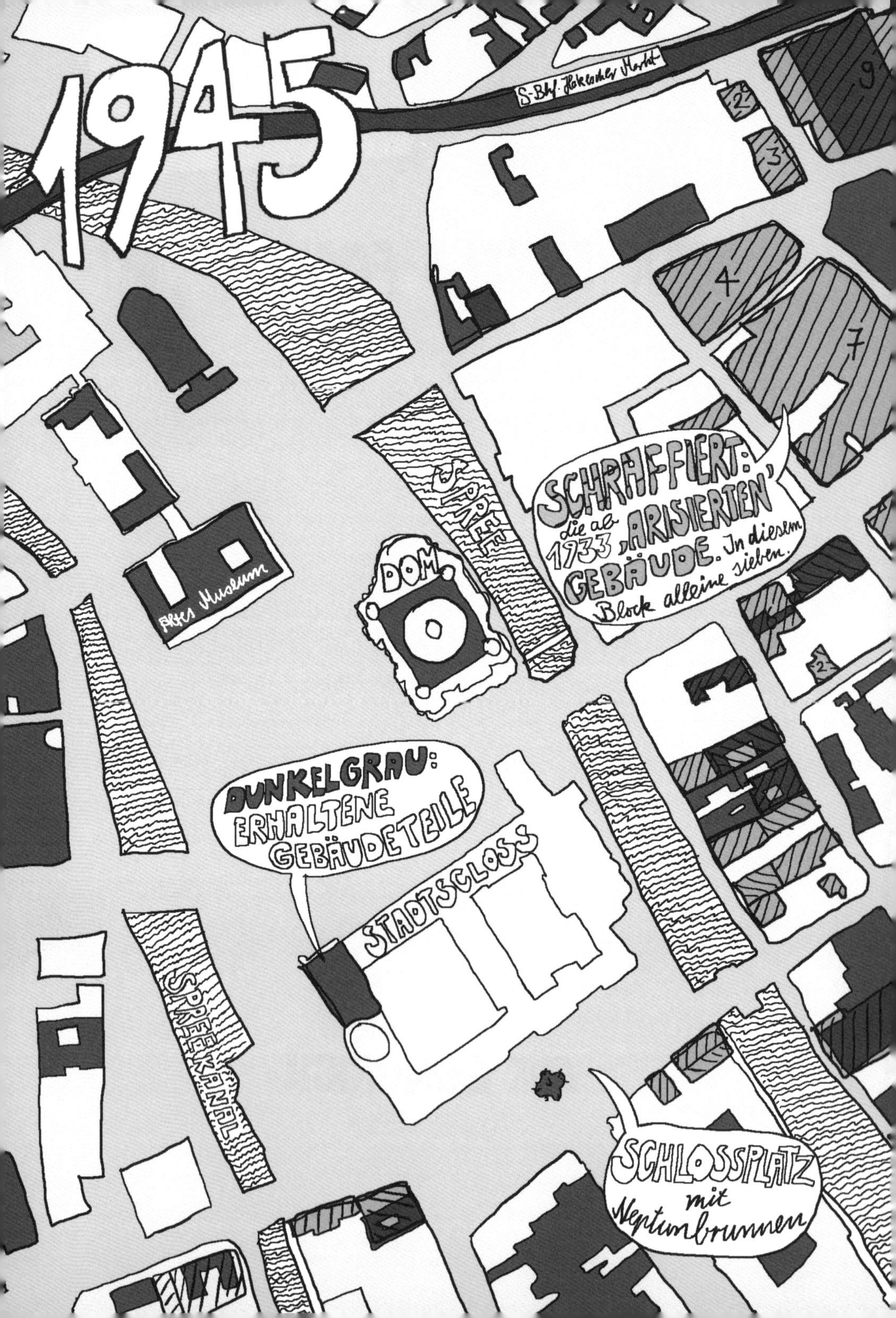
1945
S-Bhf. Hackescher Markt
Altes Museum
DOM
SPREE
SCHRAFFIERT: die ab 1933 'ARISIERTEN' GEBÄUDE. In diesem Block alleine sieben.
DUNKELGRAU: ERHALTENE GEBÄUDETEILE
STADTSCLOSS
SPREEKANAL
SCHLOSSPLATZ mit Neptunbrunnen

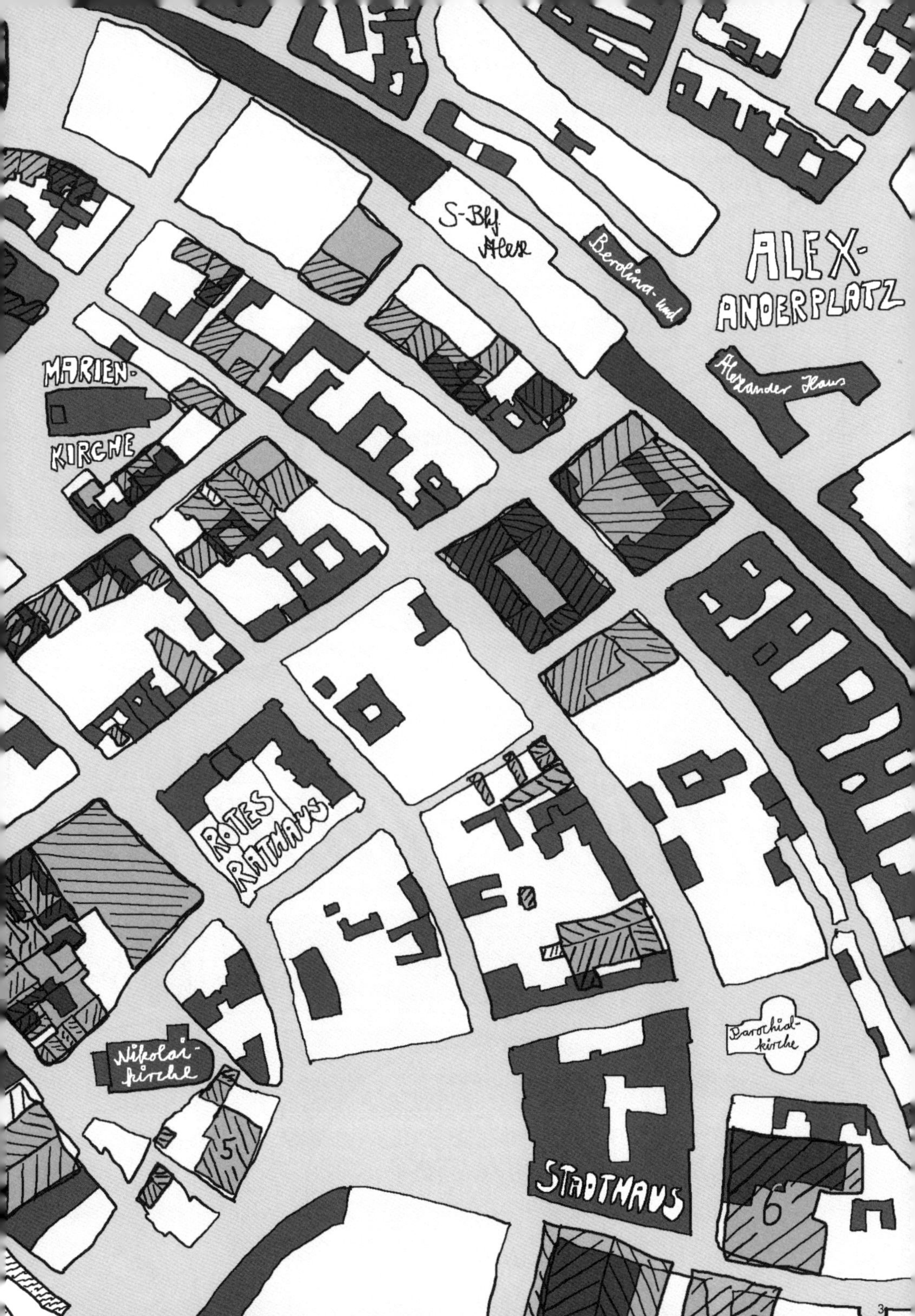
S-Bhf. Alex
Berolina-Haus
ALEX-ANDERPLATZ
Alexander Haus
MARIEN-KIRCHE
ROTES RATHAUS
Nikolai-kirche
Parochial-kirche
STADTHAUS
5
6

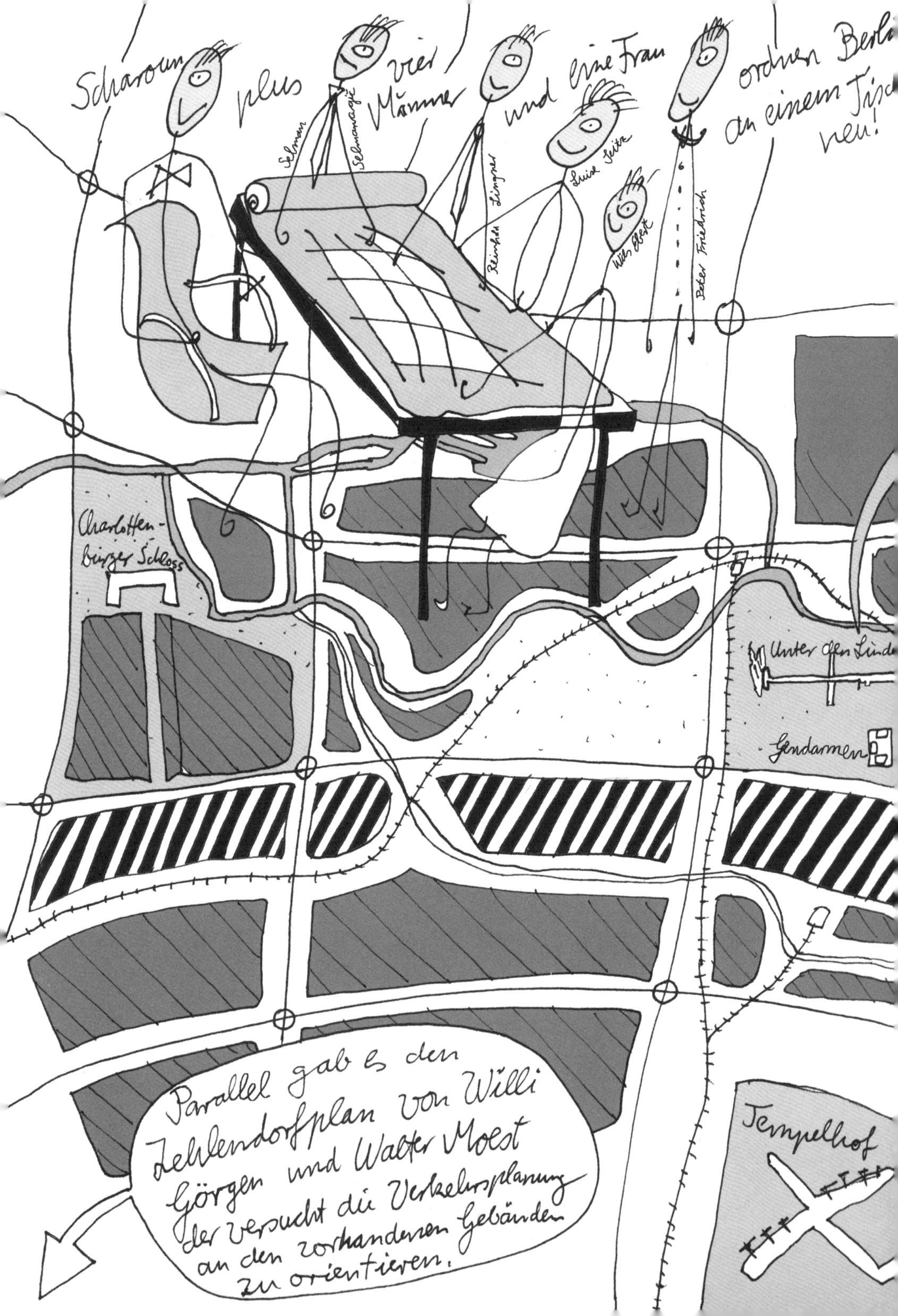

Scharoun plus vier Männer und eine Frau ordnen Berli
an einem Tisc
neu!
Selman Selmanagić
Reinhold Lingner
Luise Seitz
Willi Ebert
Peter Friedrich
Charlotten-burger Schloss
Unter den Lind
Gendarmen
Tempelhof
Parallel gab es den Zehlendorfplan von Willi Görgen und Walter Moest der versucht die Verkehrsplanung an den vorhandenen Gebäuden zu orientieren.

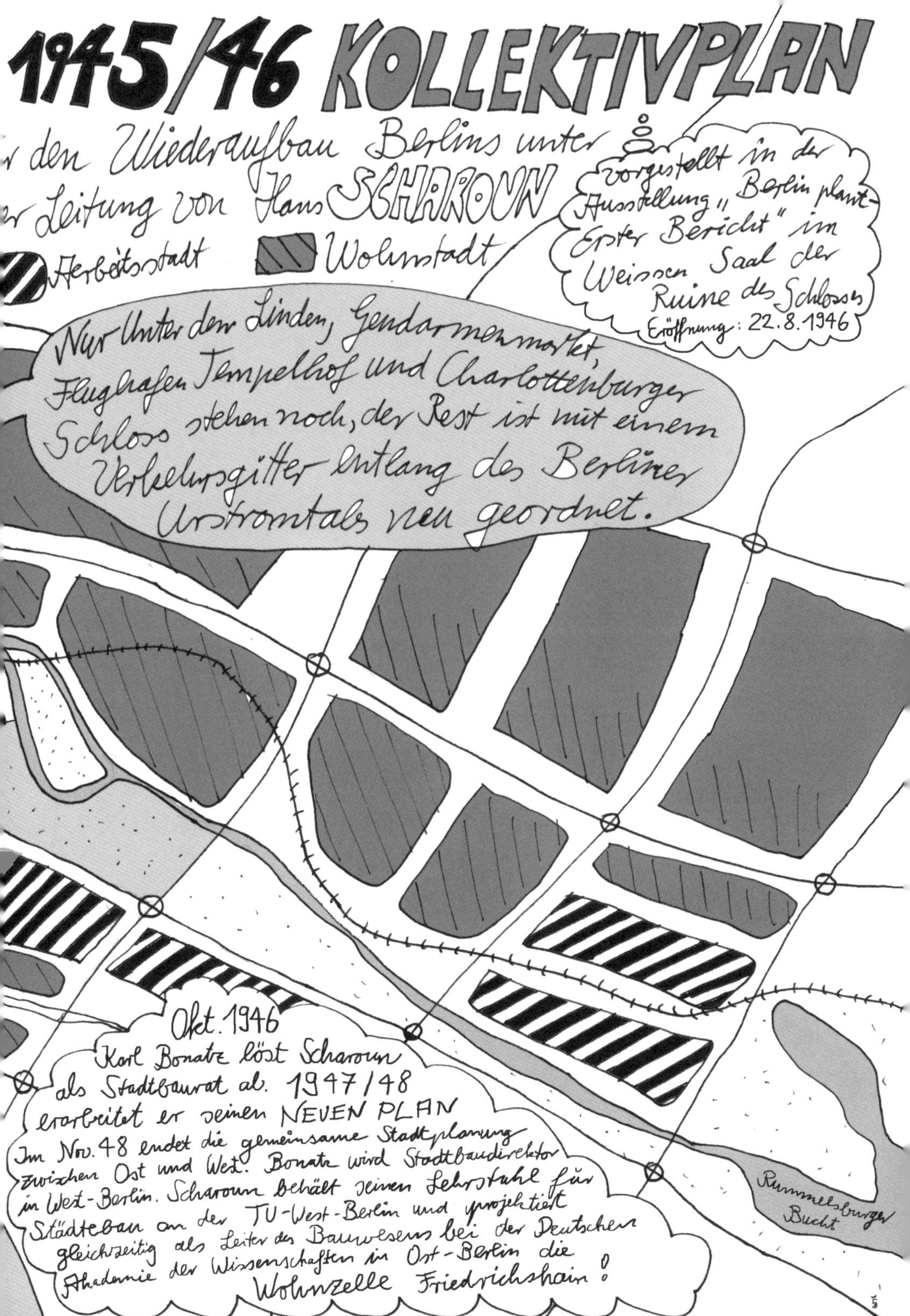
1945/46 KOLLEKTIVPLAN
r den Wiederaufbau Berlins unter
r Leitung von Hans SCHAROUN
Arbeitsstadt
Wohnstadt
vorgestellt in der Ausstellung „Berlin plant – Erster Bericht" im Weissen Saal der Ruine des Schlosses
Eröffnung: 22.8.1946
Nur Unter den Linden, Gendarmenmarkt, Flughafen Tempelhof und Charlottenburger Schloss stehen noch, der Rest ist mit einem Verkehrsgitter entlang des Berliner Urstromtals neu geordnet.
Okt. 1946
Karl Bonatz löst Scharoun als Stadtbaurat ab. 1947/48 erarbeitet er seinen NEUEN PLAN
Im Nov. 48 endet die gemeinsame Stadtplanung zwischen Ost und West. Bonatz wird Stadtbaudirektor in West-Berlin. Scharoun behält seinen Lehrstuhl für Städtebau an der TU-West-Berlin und projektiert gleichzeitig als Leiter des Bauwesens bei der Deutschen Akademie der Wissenschaften in Ost-Berlin die Wohnzelle Friedrichshain!
Rummelsburger Bucht

Grußwort von Karl Jaspers
Von den USA initiiert und finanziert
Juni 1950
„AUCH DIE WAHRHEIT BEDARF DER PROPAGANDA“
„Kongress für kulturelle Freiheit“
Die Weltfestspiele Gegenmanifesta zum Freiheitskong
aus 21 Ländern
in
West Berlin
180 Intellektuelle versammelten sich für 4 Tage um „Kampfbündnisse“ zu schließen
kulturelle Luftbrücke

SCHLOSSABRISS
Sept. 1950 bis März 1951
FÜR DIE III. WELTFESTSPIELE
der Jugend und Studenten
DOM
vom 5.–19. August 1951
Lustgarten und neuer Marx-Engels-Platz bieten 300.000 Menschen Platz.
Politbüro + Walter Ulbricht
choreografierte Demopläne ....
2 Millionen FDJ-Mitglieder davon 35.000 aus Westdeutschland (wo 6 Wochen vorher die FDJ verboten wurde) + 26.000 Jugendliche aus 104 Ländern
demonstrationsgerechte Stadt im Osten
versus
autogerechte Stadt im Westen

Juli **1950**

Richard Paulick versucht, das Schloss zu erhalten

Herbst **19**

Regierungs
Vorgel
und

Obwohl Moskau spätestens
verzichtete, bildete dieser und
Mitte errichtet wurden

April/Mai 1950:
Architektendelegation aus Berlin reist nach Moskau. Ähnlich der Moskauer Ringhochhäuser wollte man danach (eigentlich bis 1964) ein dominantes Hochhaus für die DDR-Regierung.

1951/52 fand parall
Marse-Allee) sta
Planung von Hen
dieser nach nur
Wohnungsbauten
genügten den son
Inhalt nach
Auch Ulbrichts
„Hitlerschen Kase

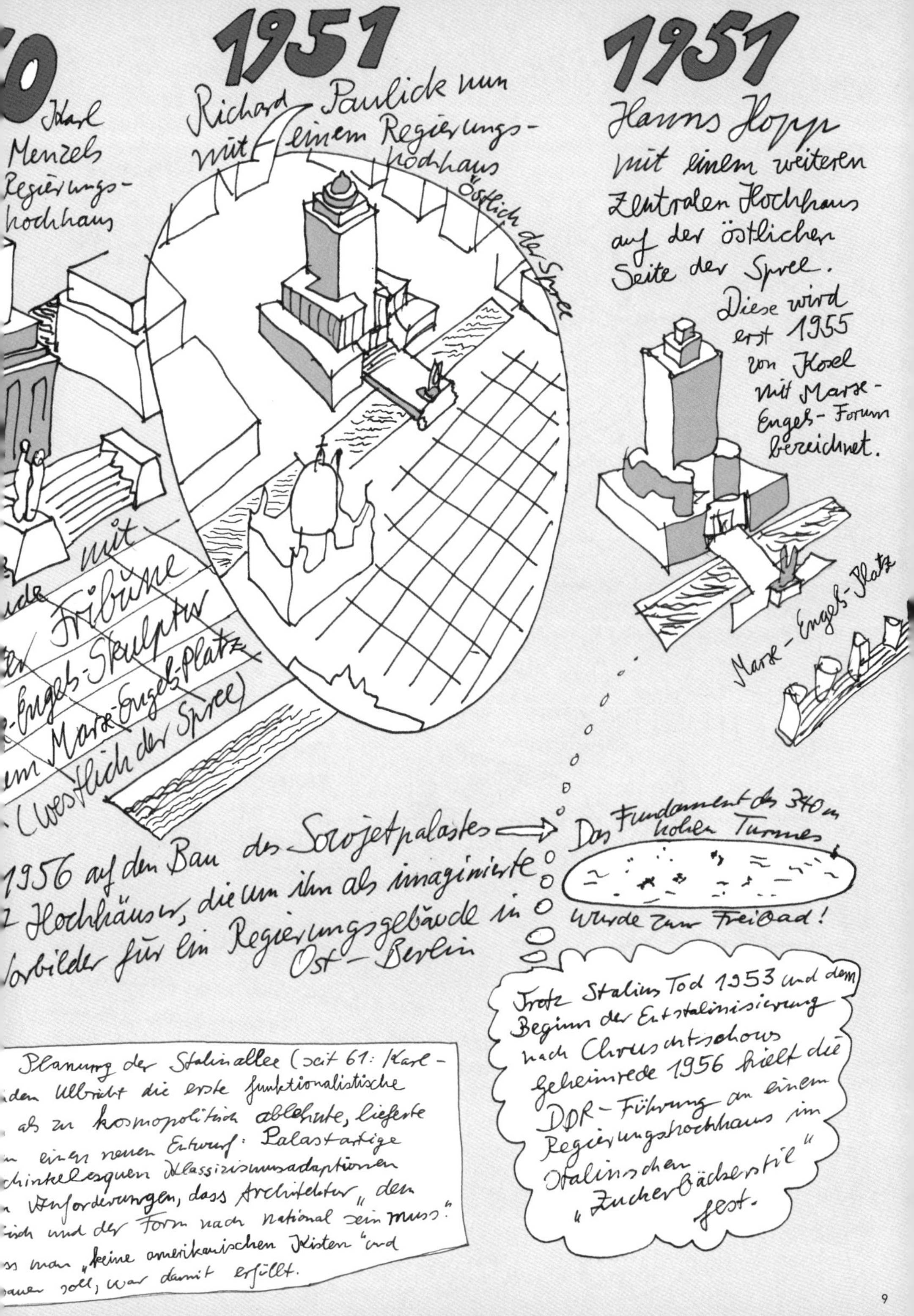

1951
Richard Paulick nun mit einem Regierungs-hochhaus östlich der Spree
1951
Hanns Hopp mit einem weiteren Zentralen Hochhaus auf der östlichen Seite der Spree.
Diese wird erst 1955 von Kosel mit Marx-Engels-Forum bezeichnet.
Marx-Engels-Platz
0
Karl Menzels Regierungs-hochhaus
ude mit Tribüne
er -Engels-Skulptur
em Marx-Engels-Platz (westlich der Spree)
1956 auf den Bau des Sowjetpalastes
z Hochhäuser, die um ihn als imaginierte
Vorbilder für ein Regierungsgebäude in Ost-Berlin
Das Fundament des 340 m hohen Turmes wurde zum Freibad!
Trotz Stalins Tod 1953 und dem Beginn der Entstalinisierung nach Chruschtschows Geheimrede 1956 hielt die DDR-Führung an einem Regierungshochhaus im Stalinschen „Zuckerbäckerstil" fest.
Planung der Stalinallee (seit 61: Karl-
den Ulbricht die erste funktionalistische
als zu kosmopolitisch ablehnte, lieferte
n einen neuen Entwurf: Palastartige
chinkelesquen Klassizismusadaptionen
n Anforderungen, dass Architektur „den
isch und der Form nach national sein muss".
s man „keine amerikanischen Kisten" und
auen soll, war damit erfüllt.

August 1950 Walter ULBRICHT lässt das kriegs-zerstörte Schloss nicht wiederaufbauen, um den Lustgarten nach Süden als demonstrations-gerechten Aufmarschplatz zu gestalten.

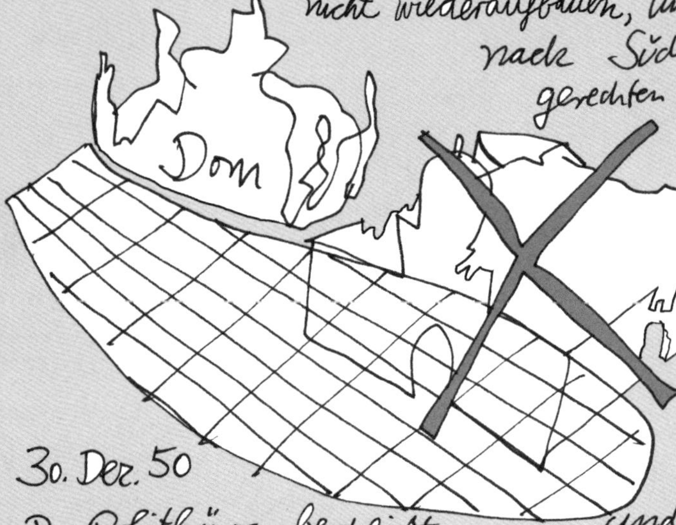

30. Dez. 50

Das Politbüro beschließt und unterbreitet am 17. JAN. 51 dem Magistrat von Groß-Berlin den „Vorschlag, einen Wettbewerb zum Marx-Engels-Denkmal durchzuführen.

Erster Wettbewerb: Mai 51: Wettbewerb wird ausgeschrieben: Doppelbildnis in Bronze, Höhe 3,6 m auf 2 m Natursteinsockel in Anlehnung an Ernst Rietschels 1857 gestaltetes Goethe-Schiller-Denkmal in Weimar.

Marx sollte links + Engels rechts stehen mit ihren Händen auf einem „Buch".

Für die 3. Weltfestspiele der Jugend und Studenten im Aug. 1951 wurde eine Tribüne aufgestellt, die abgewandelt bis 1973 stehen blieb.

as **MARX-ENGELS** als **GOETHE-SCHILLER**-Denkmal in Kombination mit einer Tribüne scheiterte beim sten Wettbewerb.

Dennoch macht der Architekt Kosel 1959 noch einmal solch einen Entwurf.

Juli 51: Das Politbüro bittet per Telegramm die Moskauer Parteiführung, einen sowjetischen Künstler zu beauftragen

KEINE RESONANZ!

Zweiter Wettbewerb

März 52: Acht Bildhauer werden aufgefordert, ein Denkmal zu entwickeln.

Der Entwurf von Walter Howard wird hergestellt aber nie in Berlin aufgestellt.

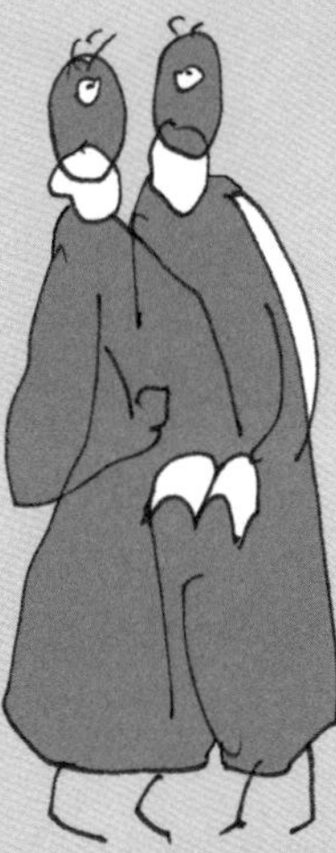

1956 wird noch kurz überlegt, ob man die Skulptur an der Schlossbrücke gegenüber dem Zeughaus platziert. (Dort landet später die Skulptur von Freiherr von Stein, die heute vor dem Landtag steht)

Letztendlich wandert das Denkmal 1956 nach Karl-Marx-Stadt (heute Chemnitz) in den Schillerpark!

S-Bhf. Hackescher Markt
DOM
ZUKÜNFTIGES MARX-ENGELS-FORUM
Lustgarten
Marx-Engels-Platz mit Tribüne

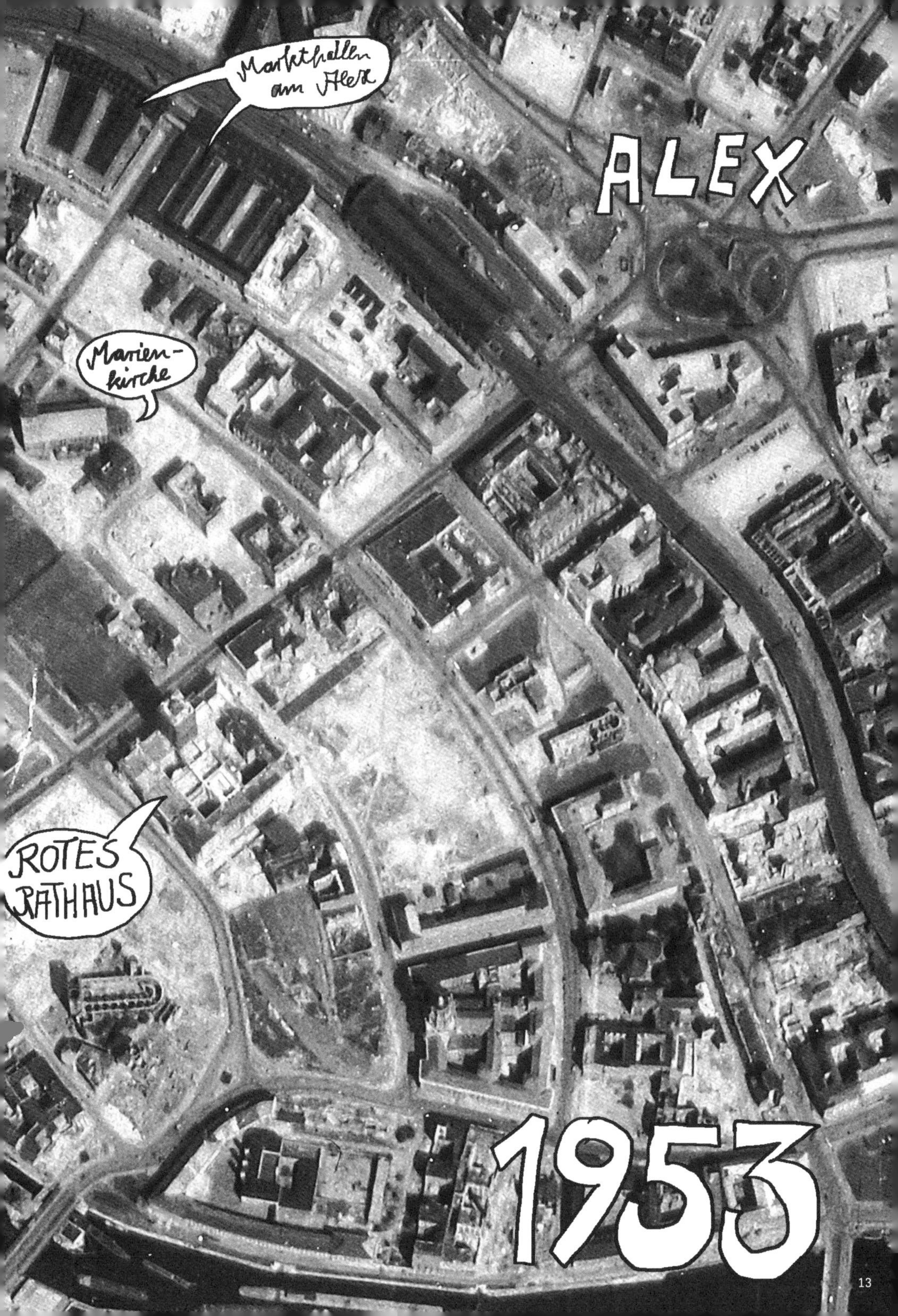
Markthallen am Alex
ALEX
Marien-kirche
ROTES RATHAUS
1953

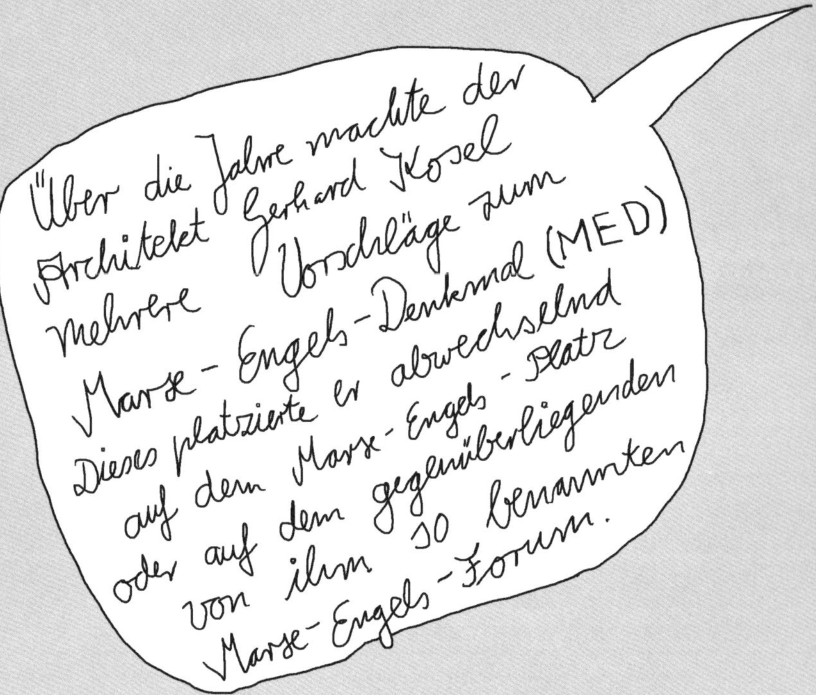
Über die Jahre machte der
Architekt Gerhard Kosel
mehrere Vorschläge zum
Marx-Engels-Denkmal (MED)
Dieses platzierte er abwechselnd
auf dem Marx-Engels-Platz
oder auf dem gegenüberliegenden
von ihm so benannten
Marx-Engels-Forum.

1955
Marx-Engels Mausoleum in formaler Anlehnung an den Pergamonaltar
1957
1958
MED auf einer Tribüne auf dem Marx-Engels Platz
1959
MED auf Marx-Engels-Forum
Marx-Engels-Forums-Manifest: Volkskammer und Regierung als „Furt“ zwischen zwei Seen!
Der Dom bleibt in all den Jahren stehen!
MED 1959 in Kombi mit Rednertribüne
noch 1986 wollte Kosel Marx' Gebeine von London in ein Mausoleum überführen!
MARX-ENGELS-PLATZ
1958 MED auf der Ostseite der Spree in Kombi mit Regierungs- und Volkskammerbauten
Gerhard Kosel prägt den Begriff des „Marx-Engels-Forums“ 1955
WASSERBECKEN
KOSEL versucht es immer wieder.....
1958 gab es eine zweite Tribüne der Haupttribüne gegenüber

Insgesamt haben sich 151 Architekturbüros an diesem Wettbewerb beteiligt. Die Entwürfe von Scharoun und Smithson stehen beispielhaft für die damalige Diskussion.

1957/1958
Alexanderplatz
Marienkirche
Rotes Rathaus
HAUPTSTADT
BERLIN
Internationaler städtebaulicher
Wettbewerb – 2. Preis
HANS SCHAROUN
vom Ku-Damm bis zum Alex.
Ein grüner Park mit solitären Gebäuden.

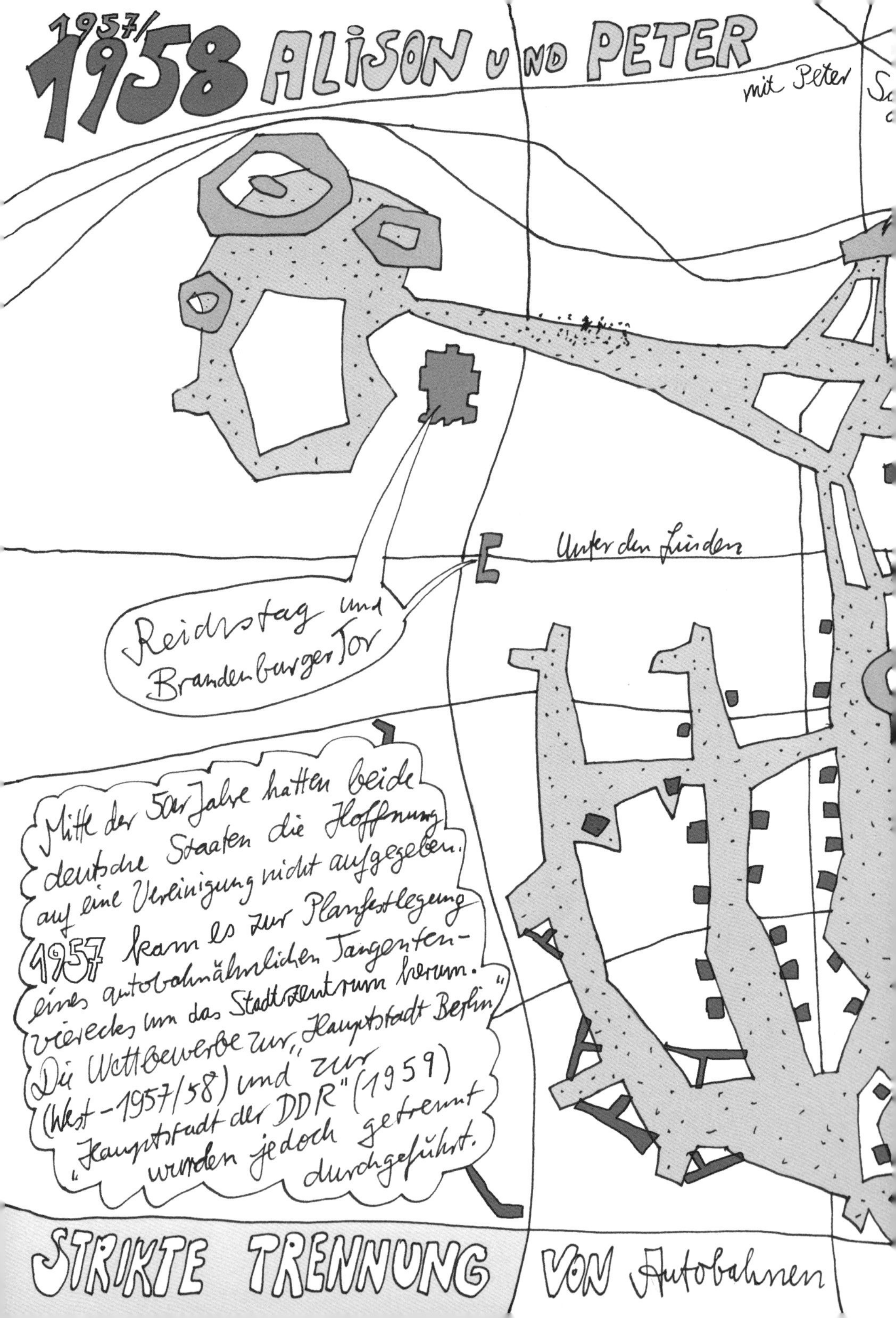
1957/ 1958 ALISON UND PETER
mit Peter
Unter den Linden
Reichstag und Brandenburger Tor
Mitte der 50er Jahre hatten beide deutsche Staaten die Hoffnung auf eine Vereinigung nicht aufgegeben. 1957 kam es zur Planfestlegung eines autobahnähnlichen Tangentenvierecks um das Stadtzentrum herum. Die Wettbewerbe zur „Hauptstadt Berlin" (West – 1957/58) und zur „Hauptstadt der DDR" (1959) wurden jedoch getrennt durchgeführt.
STRIKTE TRENNUNG VON Autobahnen

MITHSON – 3. PREIS des Hauptstadt Berlin Wettbewerbs (West)
– Wonke
S-Bhf. Friedrichstraße
Alex
Das Schloss steht noch, obwohl schon 1950 abgerissen
Gendarmen-markt
Der West-Wettbewerb unter der Schirmherrschaft des Bundespräsidenten Theodor Heuss plante auf Terri-
torium, das der BRD größtenteils nicht gehörte. Eine „städtebauliche Aggression", der die DDR ein Wettbewerb ausschließlich auf ihrem Staatsgebiet entgegensetzte.
Mehring-platz
und FUSSGÄNGERPLATTFORMEN, die in 10 Metern Höhe die ganze Stadt erschließen.

Es gibt Historiker, die behaupten, dass genau diese demonstrationsgerechte Stadtplanung, die am stehenden oder marschierenden Menschen orientiert ist, das Zentrum Berlins zu einen politischen, weil sozialistisch geplanten Gebiet macht. Der moderne Stadtgrundriss wird mit einem undemokratischen, totalitären DDR-Regime gleichgesetzt. Verschwiegen wird dabei, dass diese Straßen + Plätze 30 Jahre später die erste friedliche Revolution Deutschlands erlaubten.
Ob auto- oder demonstrationsgerecht, die Straßenplanung mit meist 4-6 spurigen Straßen und dementsprechend großen Kreuzungen war bei beiden Wettbewerben zur Hauptstadt Berlin 1957/58 im Westen und zur Hauptstadt der DDR 1959 identisch!

1959 IDEENWETTBEWERB ZUR SOZIALISTISCHEN UMGESTALTUNG DES ZENTRUMS DER HAUPTSTADT DER DDR
2. PREIS – ein erster wurde nicht vergeben! – für das PLANUNGSKOLLEKTIV Gerhard KRÖBER
Alex
Parla ment
Volkskammer
DOM!
Marx-Engels-Tribüne
MARX-ENGELS-PLATZ
Spree
Spreekanal
akademie

250 Meter hohe Stahlnadel
"Von der Sowjetunion lernen, hei
1959
1. ANKAUF des Ideenwettbew
(von drei Ankäufen in der ersten Gruppe)
Umgestaltung de
Kollektiv A. NAUMOW von
Das Regierungshochhaus ist durch eine flache Kundgebungshalle ersetzt.
VOLKSKAMMER
Tribüne mit Marx-Engels-Denkmal
Der Marx-Engels-Platz
Dom abgerissen!
Altes Museum
Pergamonmuseum
Bode-museum
Zeughaus
Für die Architekten der DDR ein Lichtblick, von der Führung jedoch nicht gewollt!
Am Anfang ging es
"zentralen Ort zu
der Markt ist oder d
Gesellschaft brauc
ein zen

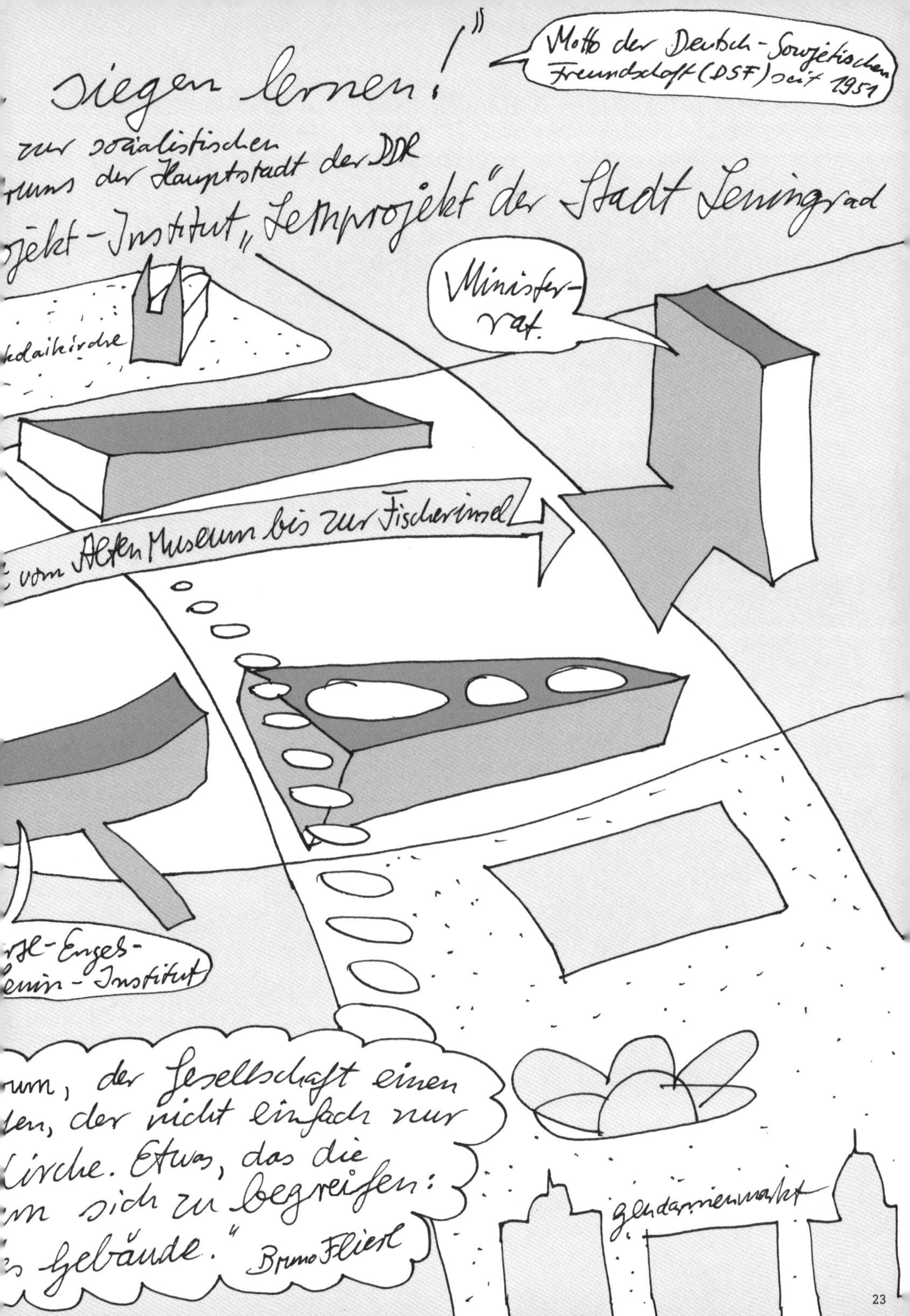

siegen lernen!"
Motto der Deutsch-Sowjetischen Freundschaft (DSF) seit 1951
zur sozialistischen
ums der Hauptstadt der DDR
jekt-Institut „Lehrprojekt" der Stadt Leningrad
Minister-rat.
kolaikirche
vom Alten Museum bis zur Fischerinsel
rx-Engels-
enin-Institut
um, der Gesellschaft einen
en, der nicht einfach nur
Kirche. Etwas, das die
m sich zu begreifen:
s Gebäude." Bruno Flierl
gendarmenmarkt

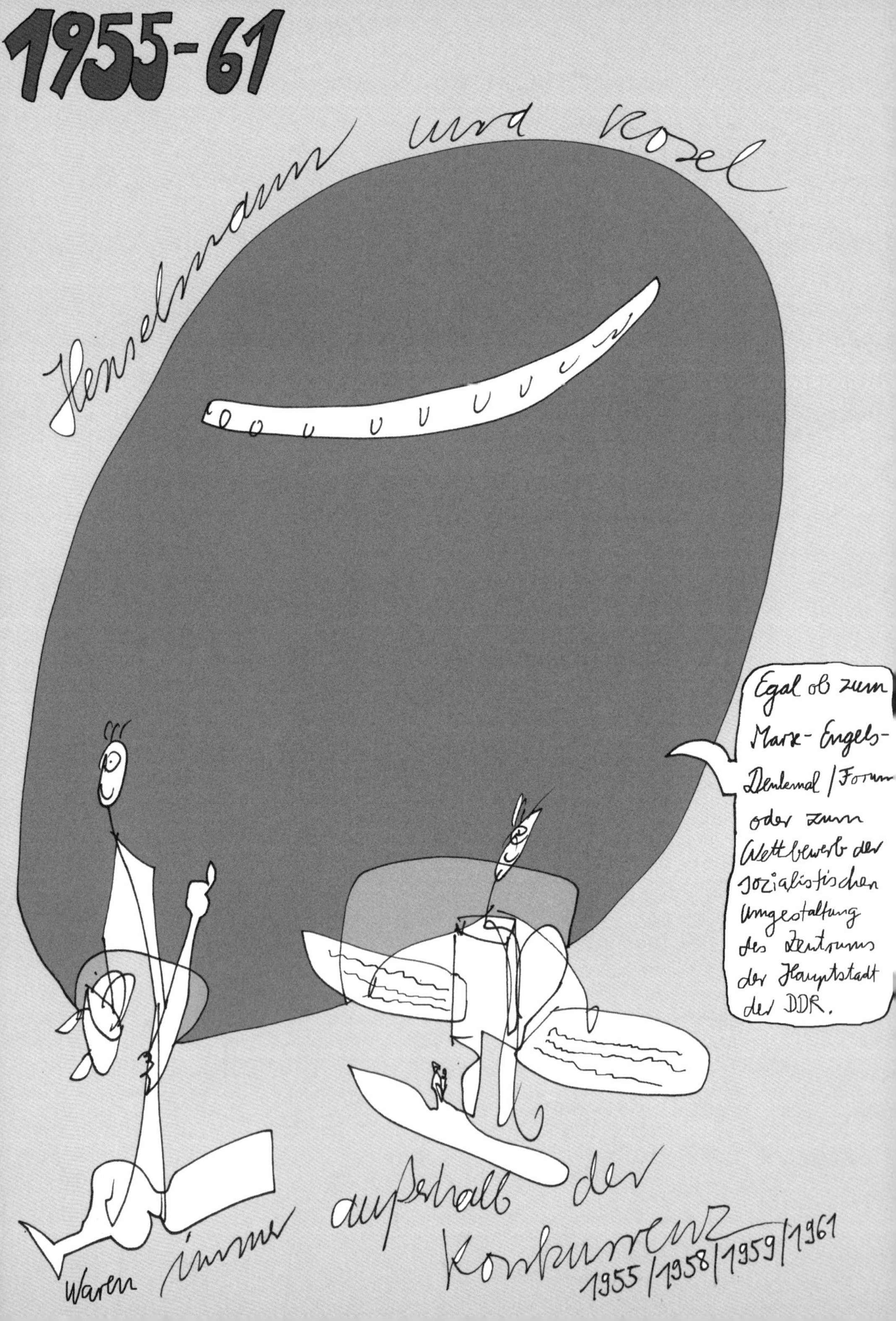
1955-61
Henselmann und Kosel
Egal ob zum Marx-Engels-Denkmal/Forum oder zum Wettbewerb der sozialistischen Umgestaltung des Zentrums der Hauptstadt der DDR.
waren immer außerhalb der Konkurrenz
1955/1958/1959/1961

1957/58 Hauptstadt Berlin (West) Wettbewerb Jean Faugeron entwirft einen Turm mit Kugel
1959 „Turm der ‚Signale'" mit Kugel
Hermann Henselmann und Gerhard Kosel streiten sich um den Fernsehturm
seit 1964 Bauleiter des Turmes
1989
Wer war der Letzte und wer der Erste?
beide wollen es gewesen sein ...
Der Streit fand erst nach der Wende statt, als es darum ging, sich in die Architekturgeschichte einzuschreiben.

Ende 1958
tritt Hermann Henselmann als
Chefarchitekt Ost-Berlins zurück,
macht aber dennoch 1959 und '61
zwei weitere Entwürfe zu
diesem Areal ...

1958 Hermann Henselmanns „PANTHEON der DEUTSCHEN“

1964
„Da gehört er hin." Walter Ulbricht zu Gesamtleiter Koel und Chefarchitekt Näther
Alex westlich der S-Bahn
Friedrichshain
Müggelberge
1964
Fernsehturm am endgültigen Standort mit kubischem Regierungs-Flachbau auf dem Marx-Engels-Forum
ROTES RATHAUS
Marienkirche
vom Arch. Kollektiv Schweizer, Tscheschner und Martinez

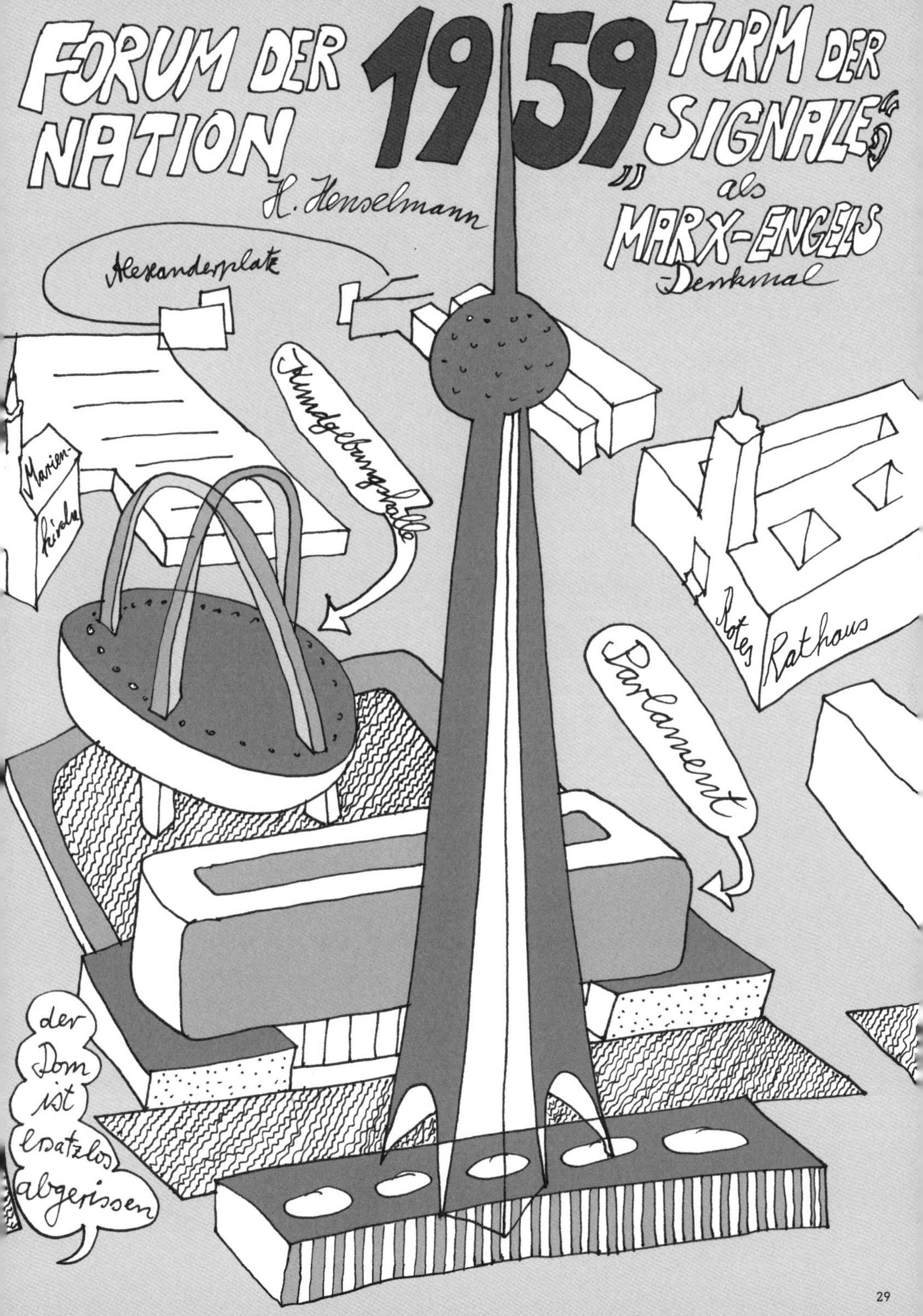
FORUM DER NATION
1959
„TURM DER SIGNALE“
H. Henselmann
als MARX-ENGELS-Denkmal
Alexanderplatz
Kundgebungshalle
Marienkirche
Rotes Rathaus
Parlament
der Dom ist ersatzlos abgerissen

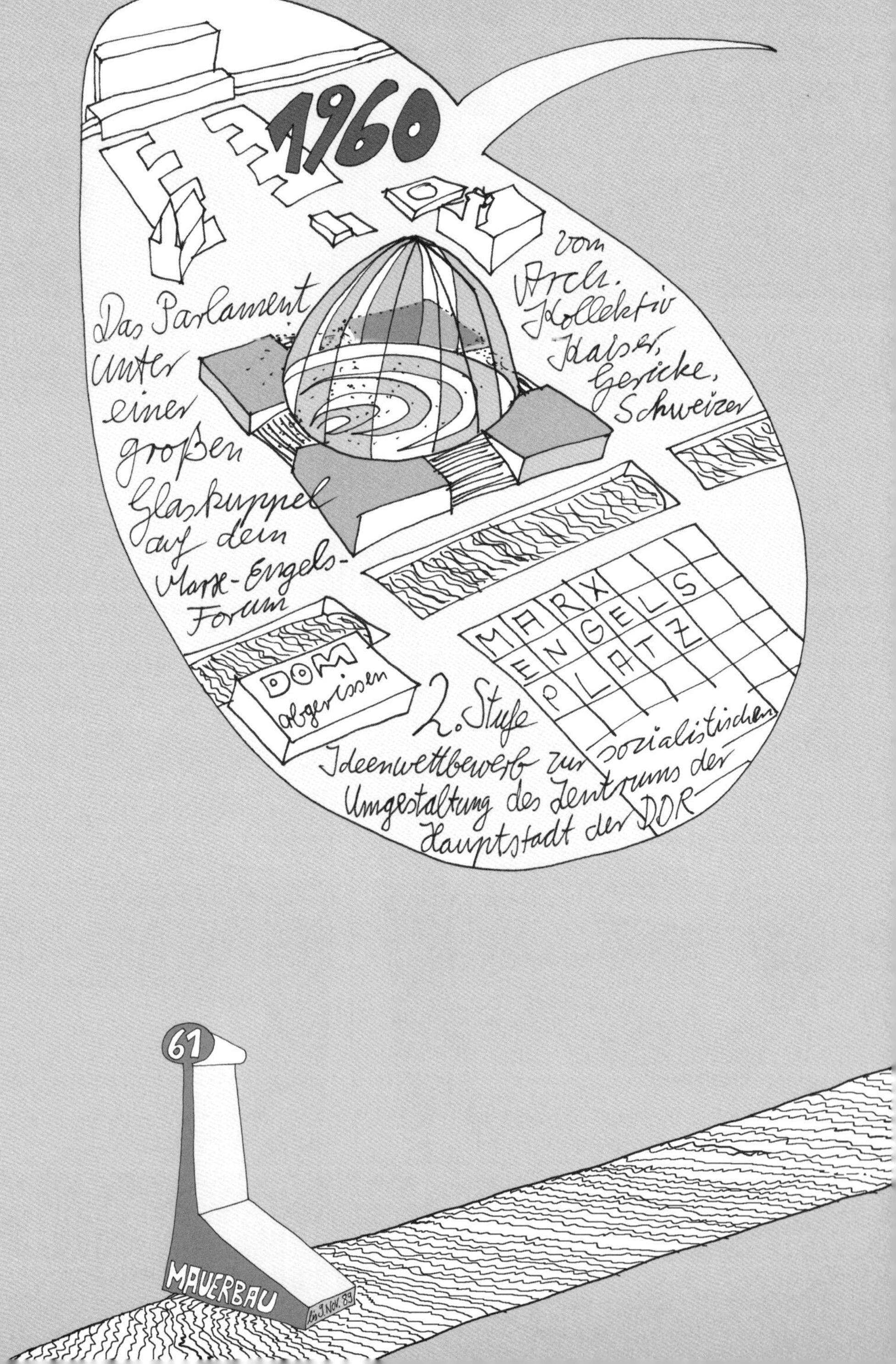
1960
Das Parlament unter einer großen Glaskuppel auf dem Marx-Engels-Forum
vom Arch. Kollektiv Kaiser, Gericke, Schweizer
MARX ENGELS PLATZ
DOM abgerissen
2. Stufe
Ideenwettbewerb zur sozialistischen Umgestaltung des Zentrums der Hauptstadt der DDR
61
MAUERBAU
bis 9. Nov. 89

Sept. 1961
H. Henselmann kombiniert die Wasserbeckenidee Kosels mit Brasilias rundem Parlamentsgebäude und Regierungshochhaus
nachdem am 6. Sept. Walter Ulbricht dazu aufforderte
1961 Herbst Grundsteinlegung
Rotes Rathaus
Haus des Lehrers von H. Henselmann
Marien-kirche
Marx-Engels-Ehrenhalle
den Dom gibt es wieder, jedoch ohne seine Ecktürme
1956–60
O. Niemeyers Brasilia

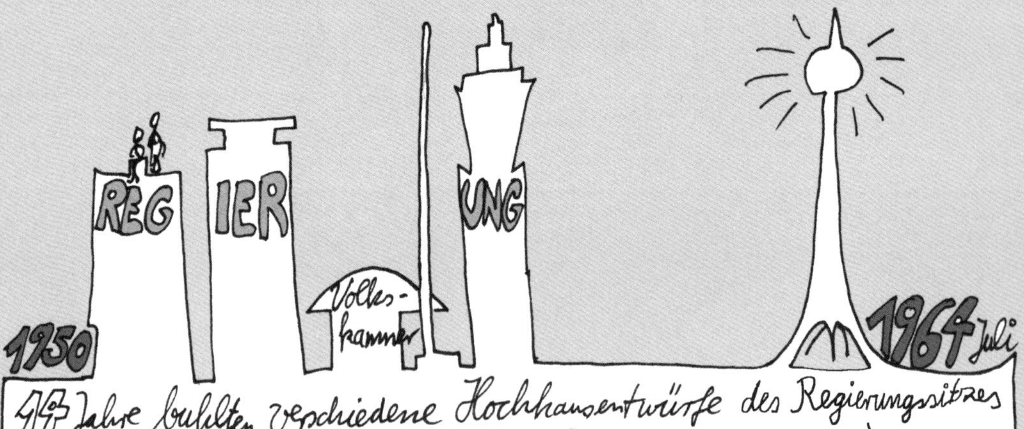

14 Jahre buhlten verschiedene Hochhausentwürfe des Regierungssitzes (die Volkskammer sollte immer ein Flachbau sein) um die Gunst Walter Ulbrichts, bis dieser sich im Juli 64 für einen „erleuchteten Fernsehturm" und „rentable" Verwaltungsgebäude für Regierung + Volkskammer entschied.

4. OKT
1957
SPUTNIK I.
umkreist als erster Satellit die Erdumlaufbahn
Brüder zur Sonne, zur Freiheit, ...
... Brüder zum Lichte empor.
„Am Abend leuchtet die Kugel rot über der Stadt."
sowjetisches Arbeiterlied und H. Henselmann
zwischen 1965 und Juli 1969 wurde der „SPREESPUTNIK" gebaut.
Die Eröffnung fand im Okt. 69 zum 20. Jahrestag der DDR statt.
21. Juli 69 Apollo 11 Mondlandung

1950er DDR Städtebau und Architektur

National in der Form, demokratisch im Inhalt.

1961
bis
Fernsehturm
1965–69
Arch. Kollektiv Kollmann
nach Gestaltungsidee von
H. Henselmann
Haus Berliner Verlage 70–73 Arch. Kollektiv SWORA
Centrum Warenhaus
67–70 Arch. J. K
STAATSRATSGEBÄUDE
1962–64
Arch. Roland Korn
seit 2006: Managerhochschule
MINISTERIUM
für Auswärtige
Angelegenheiten
1964–67
Arch. Kollektiv J. Kaiser
Abriss: 1995
MARX ENGELS FORUM
DOM
1969
Neptunbrunnen
hier wieder aufgestellt
er vom Schlossplatz
wird nachdem entfernt wurde.
+ drei Wohnhäuser
Das historische Postamt wurde abgerissen.
1973
Tribüne bis 1973
ROTES RATHAUS
Nikolaikirche

OTEL
TADT
ERLIN
- 70
LEKTIV
KORN
Brunnen der Völkerfreundschaft 1969 WOMAKA
Alexander Haus
Behrens 1928-31
vom Alex bis Strausberger Platz
Kino International 1961-63 Kollekt. J. Kaiser
Café Moskau 1961-64 Kollektiv J. Kaiser
2. Bauabschnitt Karl-Marx-Allee 1959-65
Haus der Statistik 1968-70 Arch. Kollektiv Hörner
Haus des Reisens 69-71 Arch. Kollektiv R. Korn
Haus der Elektroindustrie 1967-69 Arch. Kollektiv Mehlan
Weltzeituhr 1969 von E. John
HAUS DES LEHRERS und Kongresshalle 1961-64 Kollektiv Henselmann
Bauministerium der DDR 1967-68 Arch. Kollektiv Rolf Göpfert Abriss: 2015
...1969 Beginn AUFBAU DES OST-BERLINER ZENTRUMS

9 TAGE
im August
19
X. WELTJUG
Motto: Für antiimperialistische Solidarita
Hochschulen und Häuser wurden verschönert. Ein Schwimm- und ein Sportstadium eröffnet. Ein Pavillon im Volkspark Friedrichshain errichtet…
insgesamt 8 Mill. Menschen kamen an 9 Tagen zusammen
und mischten sich mit 25.000 ausländischen Gäste
Ein Planungsstab von 118 Personen bereitete die „Spiele" seit 1972 vor.
Biermanns Konzert an der Weltzeituhr war spärlich besucht…
Ausbürgerung 76!
in den 9 Tagen gab es „nur" 24 Verhaftungen
WOODSTOCK DE
NOCH bestehende G
Marx-Enge
abgerissen, um e
her
4260 hauptamtliche Mitarbeiter des Ministeriums für Staatssicherheit (STASI) mischten sich unter die Festspiele. VON der FDJ wurden 333.000 offizielle Teilnehmer der DDR geschult.
Die Stasi verhaftete 2293 Jugendliche vor den Festspielen. 800 mögliche Störer mussten Ost-Berlin verlassen. 477 wurden in die Psychiatrie eingewiesen.
Honecker inszeniert einen weltoffenen Staat na dem Deutsch-Deutschen Grundlagenvertrag von 197 mit Willy Brandt: „Wandel durch Annäherung

73
IDFESTSPIELE
rieden und Freundschaft
Delegierten aus 140 Ländern
„Die junge Welt ist in Berlin zu Gast und sie schert sich nicht darum, ob es dem Feinde passt", sang ein Chor mit 5000 Stimmen!
Es gab 95 Bühnen im Stadtraum verteilt, auf denen verschiedene Bands auftraten. „Auf einmal war das graue Ost-Berlin ganz bunt." Bernd Gehrke
de auf dem
rum wurden
rüne Wiese
llen.
zu Besuch kamen
Jassir Arafat + Angela Davis
OSTENS
man schlief auf den Wiesen rund um den Fernsehturm. Laue und wilde Nächte mit der „Pille", die es seit 1971 in der DDR für umsonst gab.
it 19.779 Personen
ührte die Stasi
espräche, um sie von
iner Reise zu den
eltfestspielen abzuhalten.
Oder der PM12 (Personalausweis?) verpflichtete sie, an einem Ort zu bleiben.
In den Festivalfonds wurden bis Jan. 73 15 Millionen Mark gespendet.

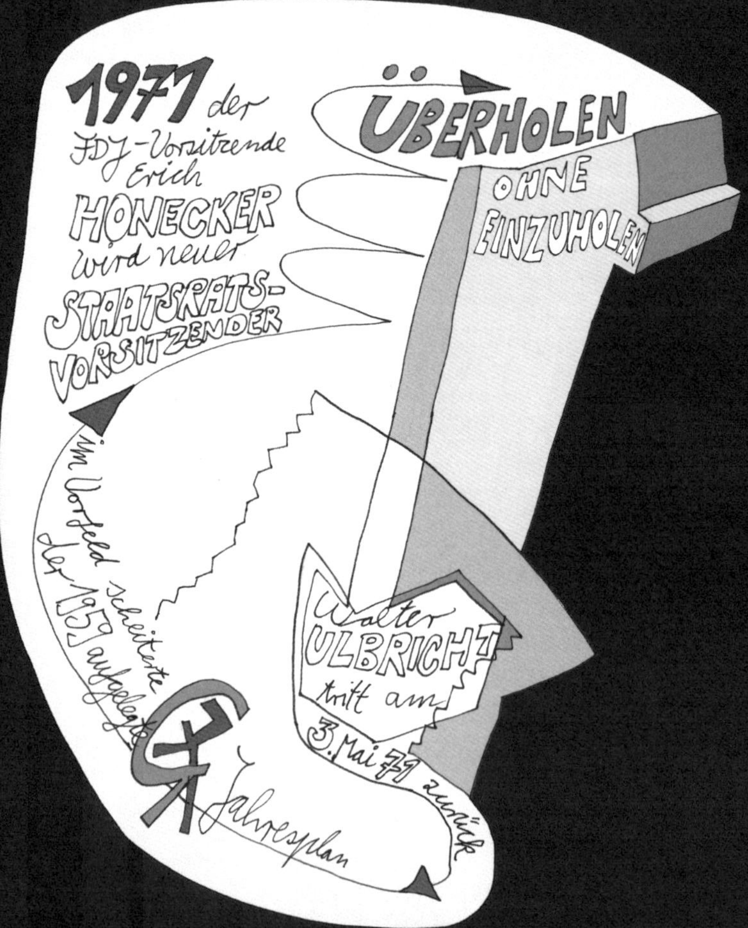

1971 der
FDJ-Vorsitzende
Erich
HONECKER
wird neuer
STAATSRATS-
VORSITZENDER
ÜBERHOLEN
OHNE
EINZUHOLEN
Walter
ULBRICHT
tritt am
3. Mai 71 zurück
im Vorfeld scheiterte
der 1959 aufgelegte
7 Jahresplan

Die Traditionalisten gewinnen... in Ost und West...
DVU
1975 - 1983: Sechs Fachwerkhäuser des Frankfurter Römers werden orginal-getreu rekonstruiert.
am Main
1979 - 1987:
Das Nikolaiviertel als Plattenbau-rekonstruktion mit historischen Fake-Gassen.

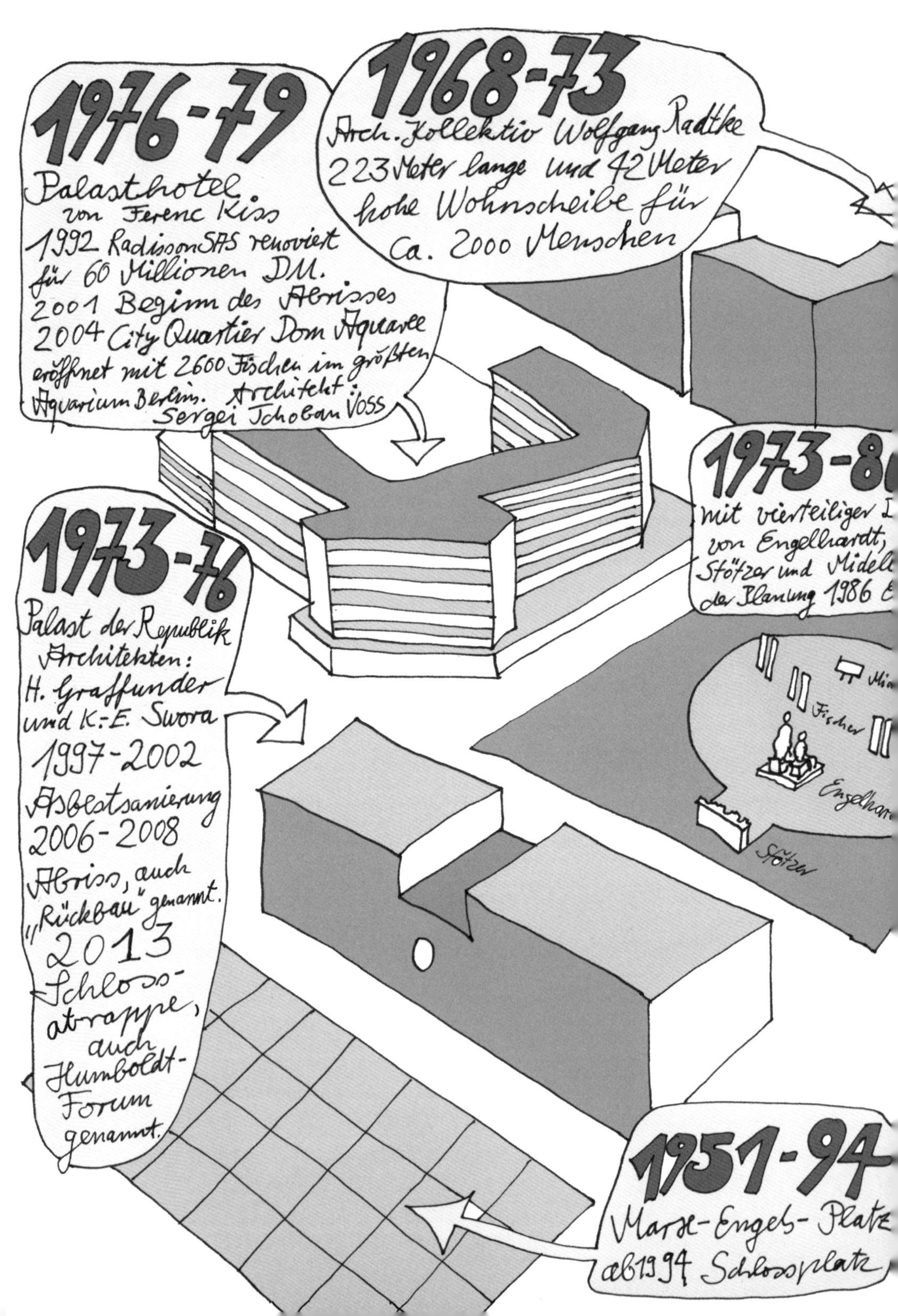
1976-79
Palasthotel
von Ferenc Kiss
1992 RadissonSAS renoviert
für 60 Millionen DM.
2001 Beginn des Abrisses
2004 City Quartier Dom Aquaree
eröffnet mit 2600 Fischen im größten
Aquarium Berlins. Architekt
Sergei Tchoban VOSS
1968-73
Arch.-Kollektiv Wolfgang Radtke
223 Meter lange und 42 Meter
hohe Wohnscheibe für
ca. 2000 Menschen
mit vierteiliger
von Engelhardt,
Stötzer und
der Planung 1986
Fischer
Stötzer
1973-76
Palast der Republik
Architekten:
H. Graffunder
und K.-E. Swora
1997-2002
Asbestsanierung
2006-2008
Abriss, auch
„Rückbau" genannt.
2013
Schloss-
attrappe,
auch
Humboldt-
Forum
genannt.
1951-94
Marx-Engels-Platz
ab 1994 Schlossplatz

1970-74
Fernsehturmumbauung
Architekten Aust,
Herzog und Heider
Landschaftsplanung
Matthes
1968-72
DDR-Gesundheitsministerium Abriss: 2008
ab 2017: Motel One mit
700 Zimmern
els-
Forum
anlage
Voigt,
Beginn
1968-72
Rathauspassagen
Arch.-Kollektiv Graffunder
168 m lang und 42 m
hoch für ca. 2000
Menschen
ROTES Rathaus
1969
-71
Alextreff
Architektin:
Gertraude
Lehmann
1999 Abriss
seit 2001 Ufa-
Multiplexe-
Kino
Zur 750-Jahr-Feier Berlins
historischen
1979-87
Nikolaiviertel: historisierende
Plattenbauweise auf erfundenem
Grundriss. Nach Wettbewerbsentwurf
von Günter Stahn
Nikolaikirche
1987 eingeweiht mit
Rekonstruktionen
von Häusern, die
eigentlich auf der
Fischerinsel
standen!

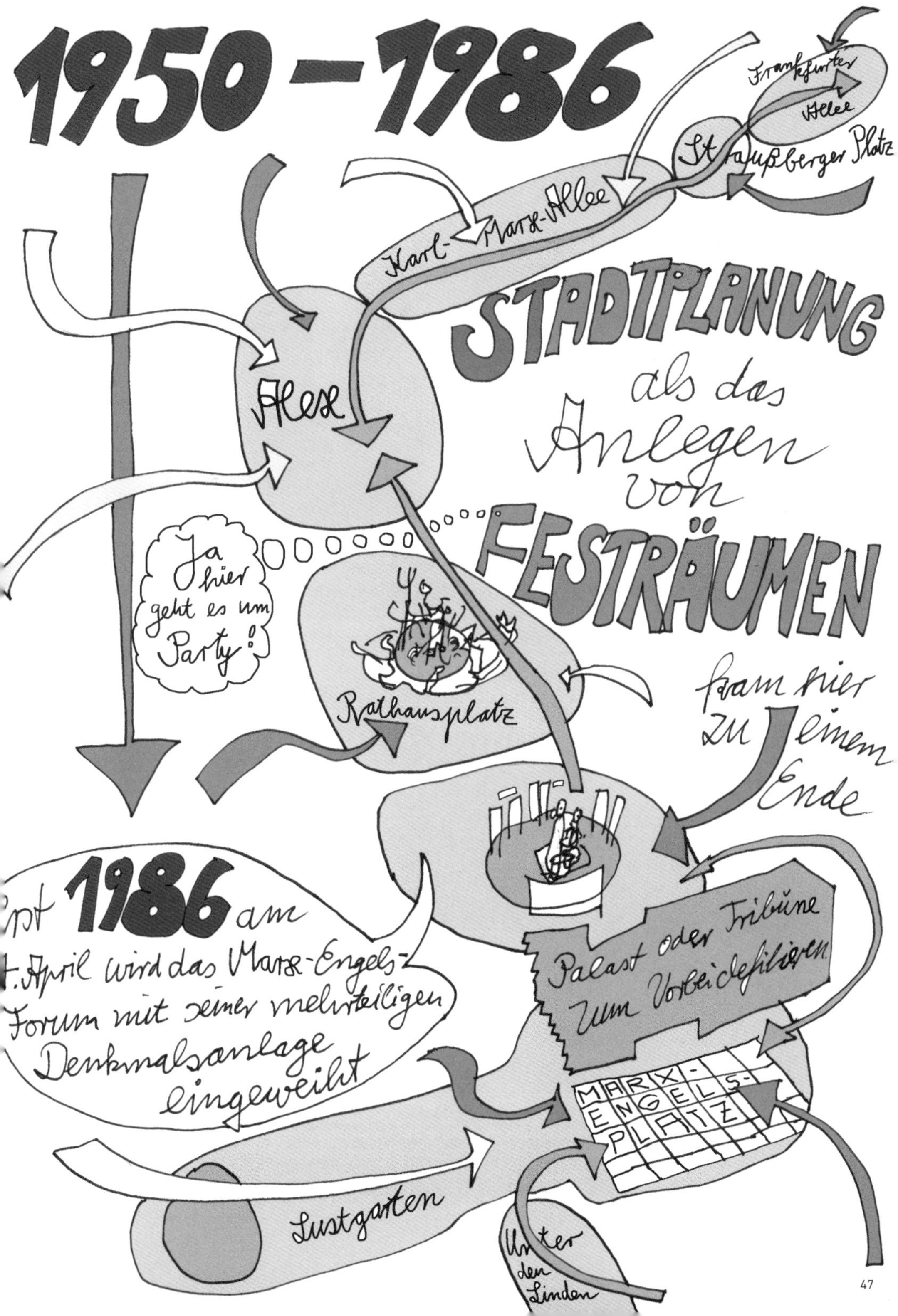

1950 – 1986
Frankfurter Allee
Straußberger Platz
Karl-Marx-Allee
Alex
STADTPLANUNG
als das
Anlegen
von
FESTRÄUMEN
Ja hier geht es um Party!
Rathausplatz
kam hier zu einem Ende
st 1986 am
t. April wird das Marx-Engels-
Forum mit seiner mehrteiligen
Denkmalsanlage
eingeweiht
Palast oder Tribüne zum Vorbeidefilieren
MARX-ENGELS-PLATZ
Lustgarten
Unter den Linden

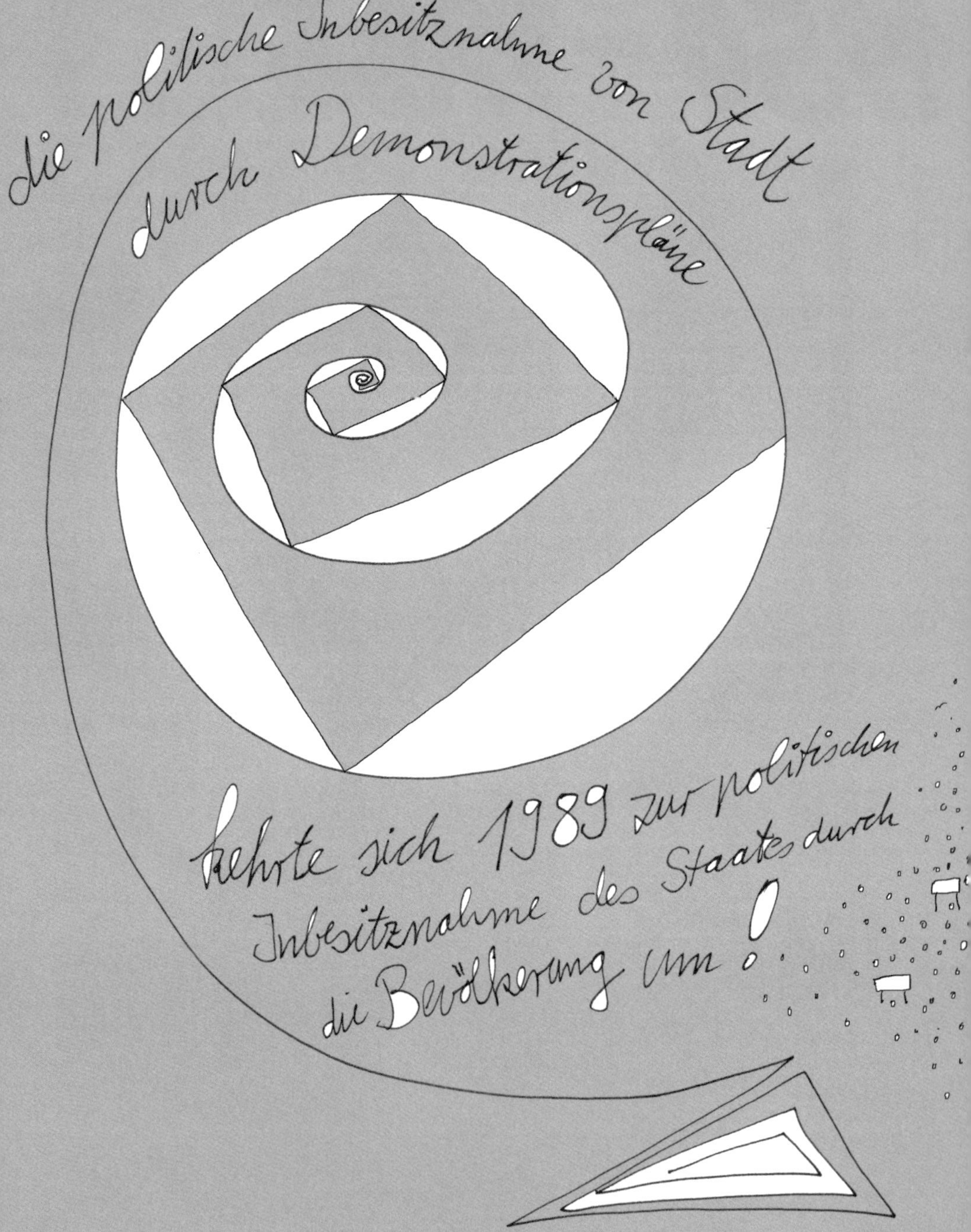
die politische Inbesitznahme von Stadt
durch Demonstrationspläne
kehrte sich 1989 zur politischen
Inbesitznahme des Staates durch
die Bevölkerung um!

4. NOV. 1989
500.000 MENSCHEN
DEMONSTRIEREN
UND DISKUTIEREN
DIE DDR-
VERFASSUNG

Brot
statt
Kuchen
Korruption
& Gier
wer bezahlt
sind wir
Museumsinsel
BLUE
MAN
GROUP
„Die Show-Sensation!“
30
100

FRAKTALE LOUNGE
oppt den Palast-Abriß!

park inn
EIS
IMBISS
BERLINER CURRYWURST - EIS
CAFE ESPRESSO

Selektiver Rückbau Palast der Republik
Auftraggeber:
Senatsverwaltung für Stadtentwicklung
Planung / Bauleitung:
ARGE Selektiver Rückbau Palast der Republik
Ausführung:
Vorhabenbegleitende Ingenieurleistungen:
B+P
URS
DSK
Genehmigung:
Senatsverwaltung für Stadtentwicklung
BUNTE
MKP
MVS ZEPPELIN

DIE DDR
HAT'S NI
GEGEBEN

aus dem Graffito-Satz:
WIR SEHEN UNS AUF DEM ARBEITSAMT
wurde:
WIR SEHEN UNS HOFFENTLICH NIE WIEDER
und aus dem Graffito-Satz
BEIM NÄCHSTEN MAL WIRD ALLES BESSER
wird:
BEIM NÄCHSTEN MAL DENKT SELBER.
Altes Museum
WIR SIND UNSCHULDIG
TUT UNS LEID
1990/91
Verschiedene gesprühte Textkommentare
scheinen Marx und Engels eine Stimme zu geben.
Das Denkmal bekommt
etwas (mit)menschlich

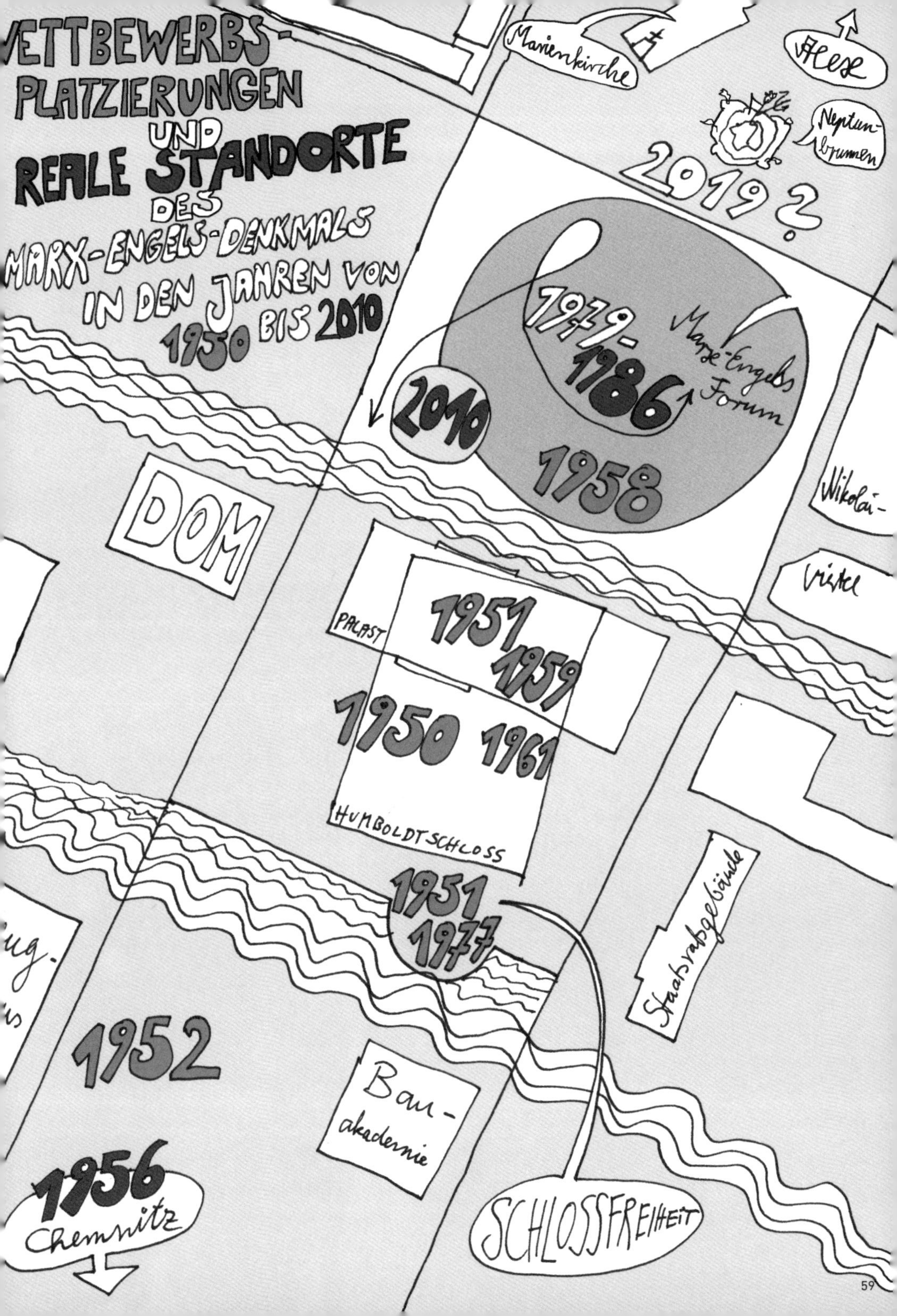
WETTBEWERBS-
PLATZIERUNGEN
UND
REALE STANDORTE
DES
MARX-ENGELS-DENKMALS
IN DEN JAHREN VON
1950 BIS 2010
Marienkirche
Alex
Neptunbrunnen
2019?
1979-
1986
Marx-Engels Forum
2010
1958
DOM
Nikolai-
viertel
PALAST
1951
1959
1950
1961
HUMBOLDTSCHLOSS
1951
1977
Staatsratsgebäude
1952
Bau-
akademie
1956
Chemnitz
SCHLOSSFREIHEIT

MARX-ENGELS
FORUM
JA
SUCHE
AUFN
FÖRD
FLINN
THEAT

park inn

BAUFA NORD-OST
BAUFA NORD-OST
BAUFA NORD-OST
BAUFA NORD-OST
BAUFA NORD-OST
BAUFA NORD-OST
BAUFA NORD-OST
Baumit

SCHWENK

WAS HABEN
die Sammlung und Ausstellung der Artefakte
AUSSEREUROPÄISCHER
KULTUREN
IN SCHLÖSSERN ZU SUCHEN?
Vielleicht weil beide ein
Kulturverständnis von vor 1900
repräsentieren?

AN
WELCHER
TEILHABE
NEHMEN
WIR TEIL
ICH TEIL?

3
2
www.stadtdebatte.b

Die Größe eines
Raums können wir
mit geschlossenen
Augen oft deutlicher
erfassen.
1. Fachkolloquium
Grundlagen
Themen des ersten Fach-
kolloquiums waren die
zukünftige Mitte.

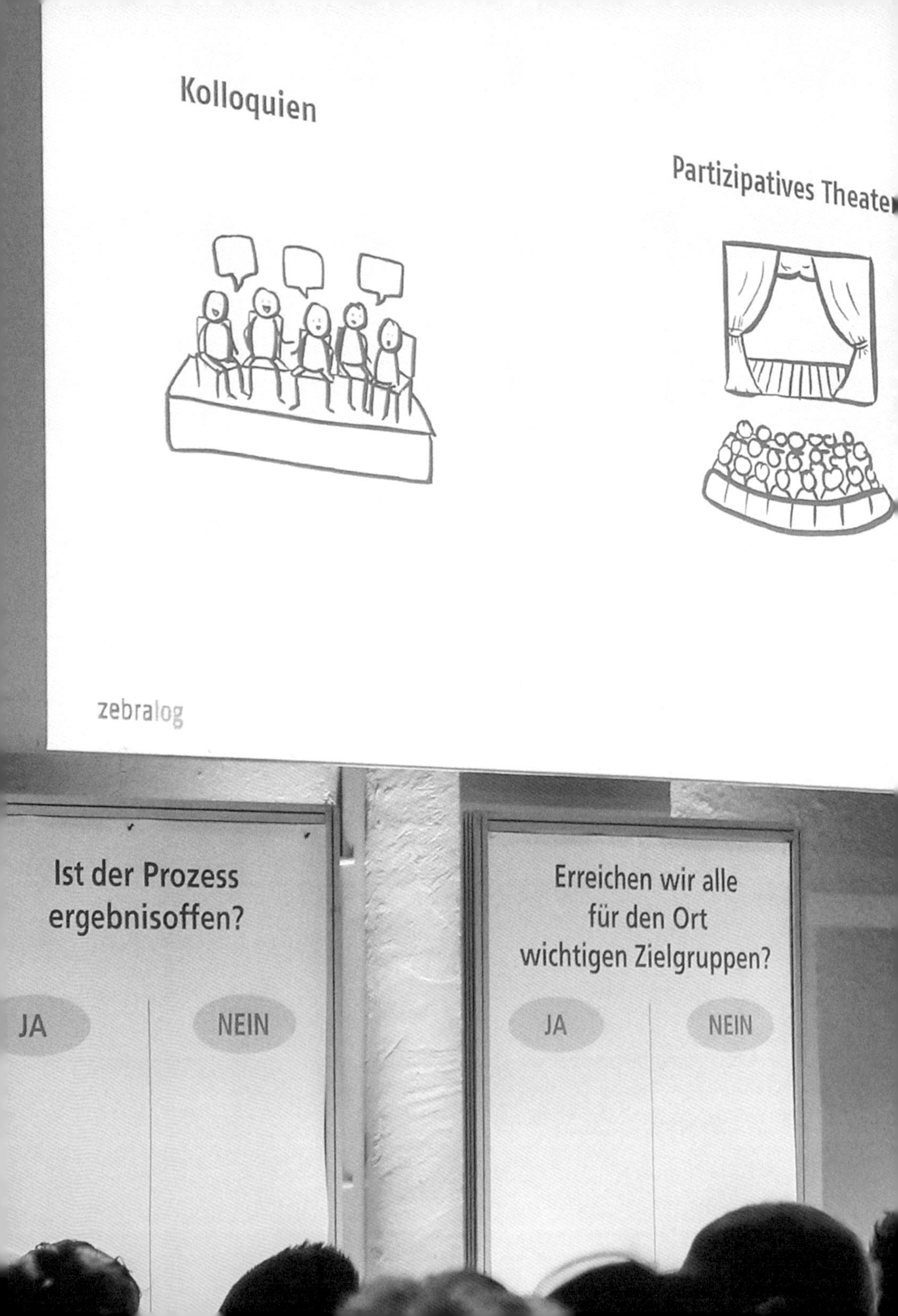
Kolloquien
Partizipatives Theater
zebralog
Ist der Prozess ergebnisoffen?
JA
NEIN
Erreichen wir alle für den Ort wichtigen Zielgruppen?
JA
NEIN

Ist das Ergebnis
JA

Dialogtalk
Andreas Geisel, Senator für Stadte
Regula Lüscher, Senatsbaudirekto
Dr. Christian Hanke, Bezirksbürger
Bezirksbürgerr
stehen? dann
super idee. so

Kuratorium
Berliner Mitte
Senatsverwaltung
für Stadtentwicklung
und Umwelt
be Berlin
icklung und Umwelt
ister Berlin-Mitte
r von mitte. *applaus* wollen sie lieber zusammen
h das andere Mikrofon oder wir räumen die bühne um,
t man nähe. so

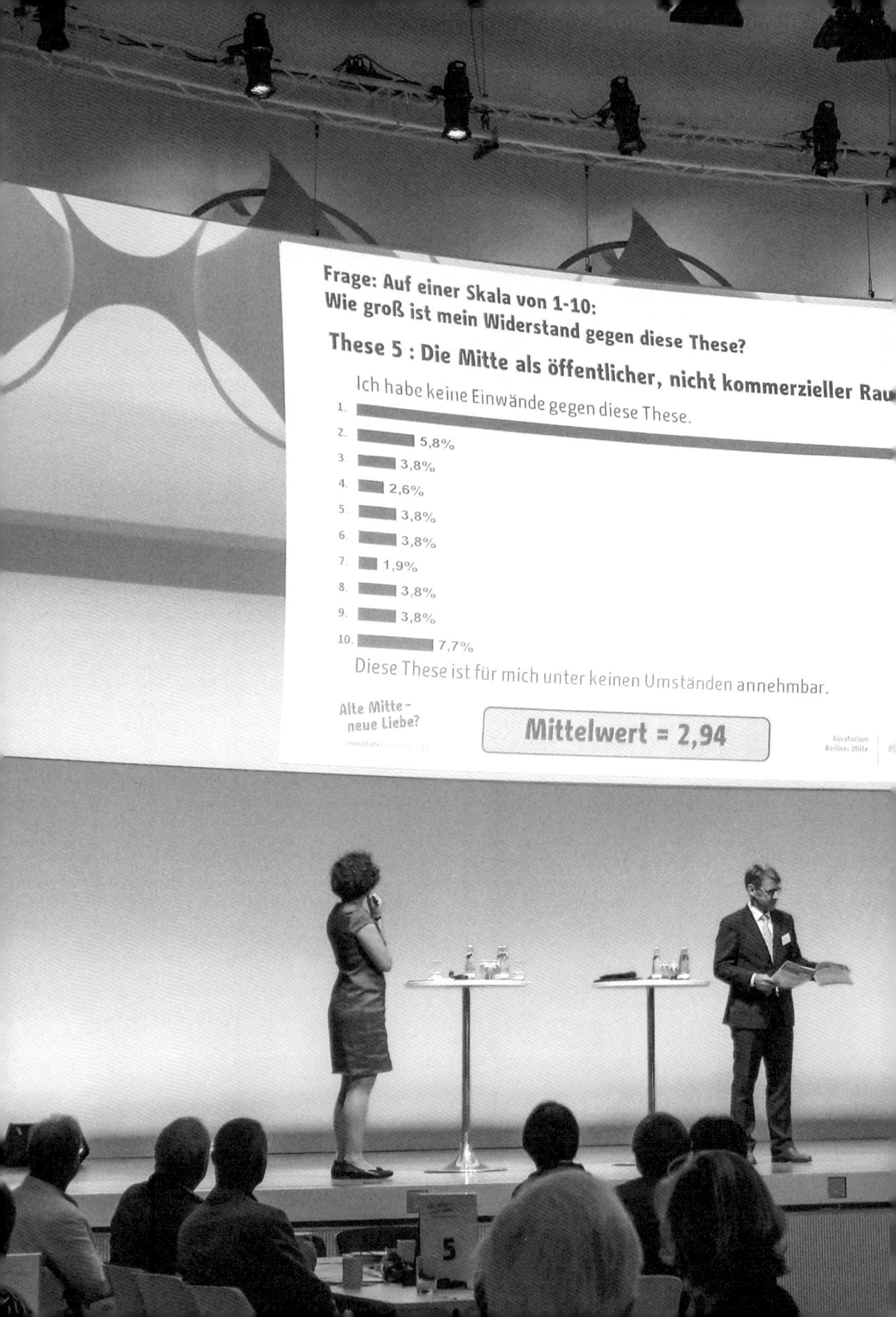

Frage: Auf einer Skala von 1-10:
Wie groß ist mein Widerstand gegen diese These?
These 5 : Die Mitte als öffentlicher, nicht kommerzieller Rau
Ich habe keine Einwände gegen diese These.
1.
2. 5,8%
3. 3,8%
4. 2,6%
5. 3,8%
6. 3,8%
7. 1,9%
8. 3,8%
9. 3,8%
10. 7,7%
Diese These ist für mich unter keinen Umständen annehmbar.
Alte Mitte – neue Liebe?
Mittelwert = 2,94
Kuratorium Berliner Mitte
5

2,8%
bcc
be Berlin

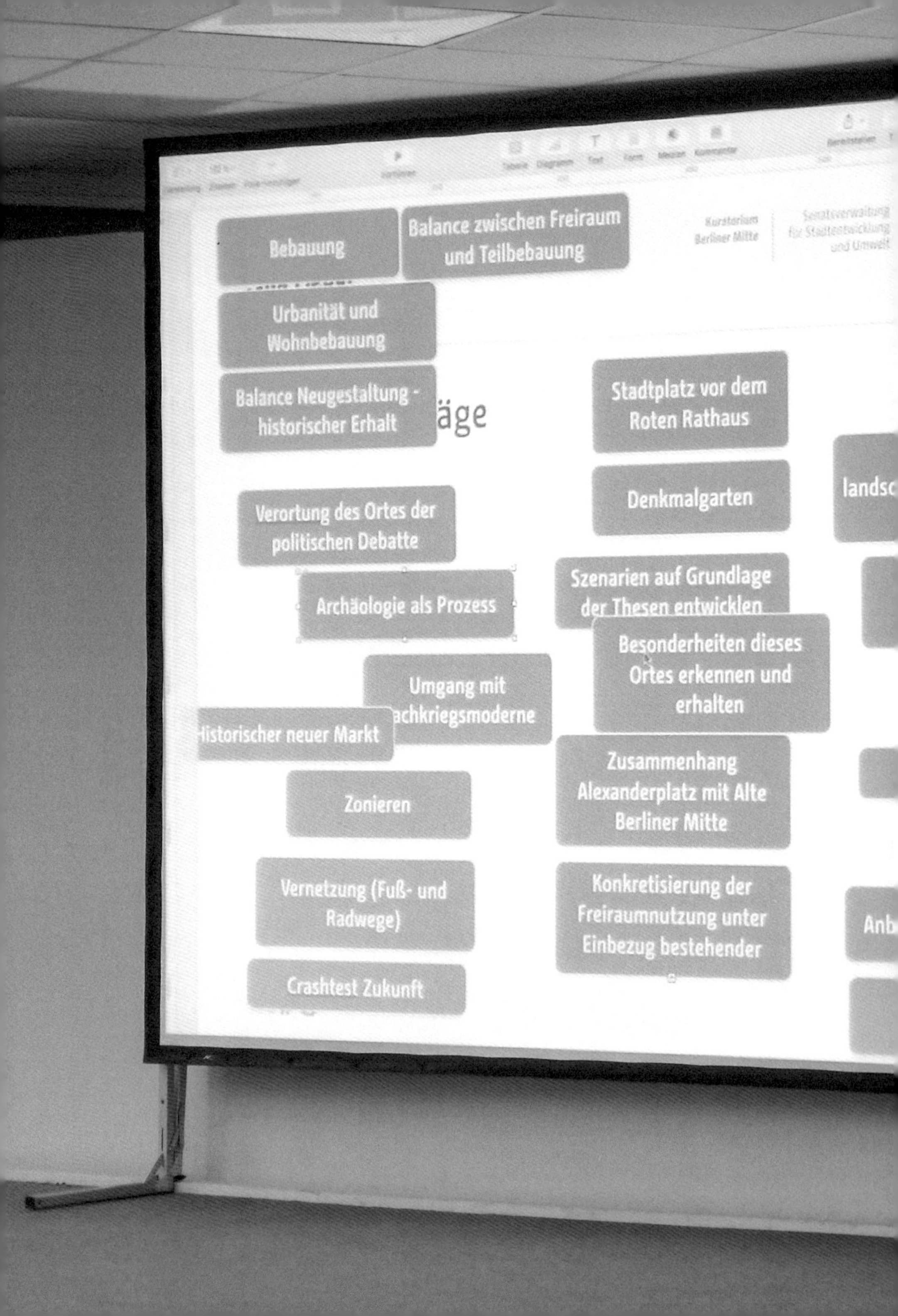
Bebauung
Balance zwischen Freiraum und Teilbebauung
Kuratorium Berliner Mitte
Urbanität und Wohnbebauung
Balance Neugestaltung - historischer Erhalt
Stadtplatz vor dem Roten Rathaus
Denkmalgarten
Verortung des Ortes der politischen Debatte
Archäologie als Prozess
Szenarien auf Grundlage der Thesen entwicklen
Besonderheiten dieses Ortes erkennen und erhalten
Umgang mit
achkriegsmoderne
Historischer neuer Markt
Zonieren
Zusammenhang Alexanderplatz mit Alte Berliner Mitte
Vernetzung (Fuß- und Radwege)
Konkretisierung der Freiraumnutzung unter Einbezug bestehender
Crashtest Zukunft

Berlin
en für
hitektonischer
ewerb
chaftliche
ngestaltung
üne Mitte
ltklima
ikolaiviertel
ität der
eteiligung

Wo sind die mobilen
Stühle der Fernsehturm-
Wasserkaskaden?

TOTALBEBAUUNG
der Generation Kollhoff
bis 2030
für ein
tartiges Dach
la Sony-
Center vom
otsdamer Platz?
... haben die beschwingten modernen Dachspitzen etwa eine ähnlich bedrohliche Wirkung auf Herrn Albers wie auf Herrn Stimmann?
2009-15
Vorauseilender Investorengehorsam des Architekten Bernd Albers: Die Fernsehturmumbauung wird abgerissen, um ein Maximum des mittelalterlichen Stadtgrundrisses zu verwirklichen. Die Blöcke werden mit Shoppingpassagen versehen. Das Marx-Engels-Denkmal erhält eine Platznische gegenüber der Schlossattrappe.

Bei dem Entwurf von Graft + Chipperfield Architekten von 2015 beschleicht einen der Gedanken
„Die Hälfte mache ich voll mit Blockrandbebauung und die andere Hälfte lasse ich leer. Damit bleibe ich, egal welche Entscheidung getroffen wird, für eine weitere Auftragsvergabe im Gespräch!“
2009 wollten die Architekten hier eine riesige Wasserfläche!
gleichen eine
Eine leere große Fläche bis zur Spree mit zwei weißen coolen Kuben und linear angeordneten Buschreihen.

HALBE BEBAUUNG
Im Hintergrund die zehn Hochhäuser des Entwurfes von Hans Kollhoff, der seit 1993 für den Alex gültig ist. Die Turm-anzahl hat sich durch die Denkmal-schutzwürdigkeit des Hauses der Verlage und des Reisens auf neun verringert.
Un defi niert Blöcke
Ein einsames
rx-Engels-Denkmal
irkt wie abgestellt
auf dem großen
Platz.

TEILBEBAUUNG
2015
alter „Neuer Markt" Rekonstruktion
Marien-kirche
Martin-Luther-Denkmal auf der historischen 12 × 14 Meter großen Grundfläche
Neuer Markt
Die Gesellschaft Historisches Berlin möchte den alten „Neuen Markt" und das gesamte Marienviertel bis um den Fernsehturm rekonstruieren!
Bischofstr.
Der alte Straßengrundriss soll wieder hergestellt werden.

Eine Blockrandbebauung soll um den Fernsehturm gelegt werden. Die Fußumbauung soll abgerissen werden.
Fernseh-Turm
Klosterstraße
Marienkirchhof
Hoher Steinweg
Natürlich will die „Historische Gesellschaft" den Neptunbrunnen auf den Schlossplatz zurückversetzen, um die dritte Platzseite auch zu bebauen. Doch genau diese Seite zum Neptunbrunnen und zum Roten Rathaus hin könnte offen bleiben. Die Teilrekonstruktion, sozusagen als Kommentar, der die historischen Gegebenheiten des Fernsehturmes akzeptiert.
Rotes Rathaus

MF
The new Marx-Engels-Forum?

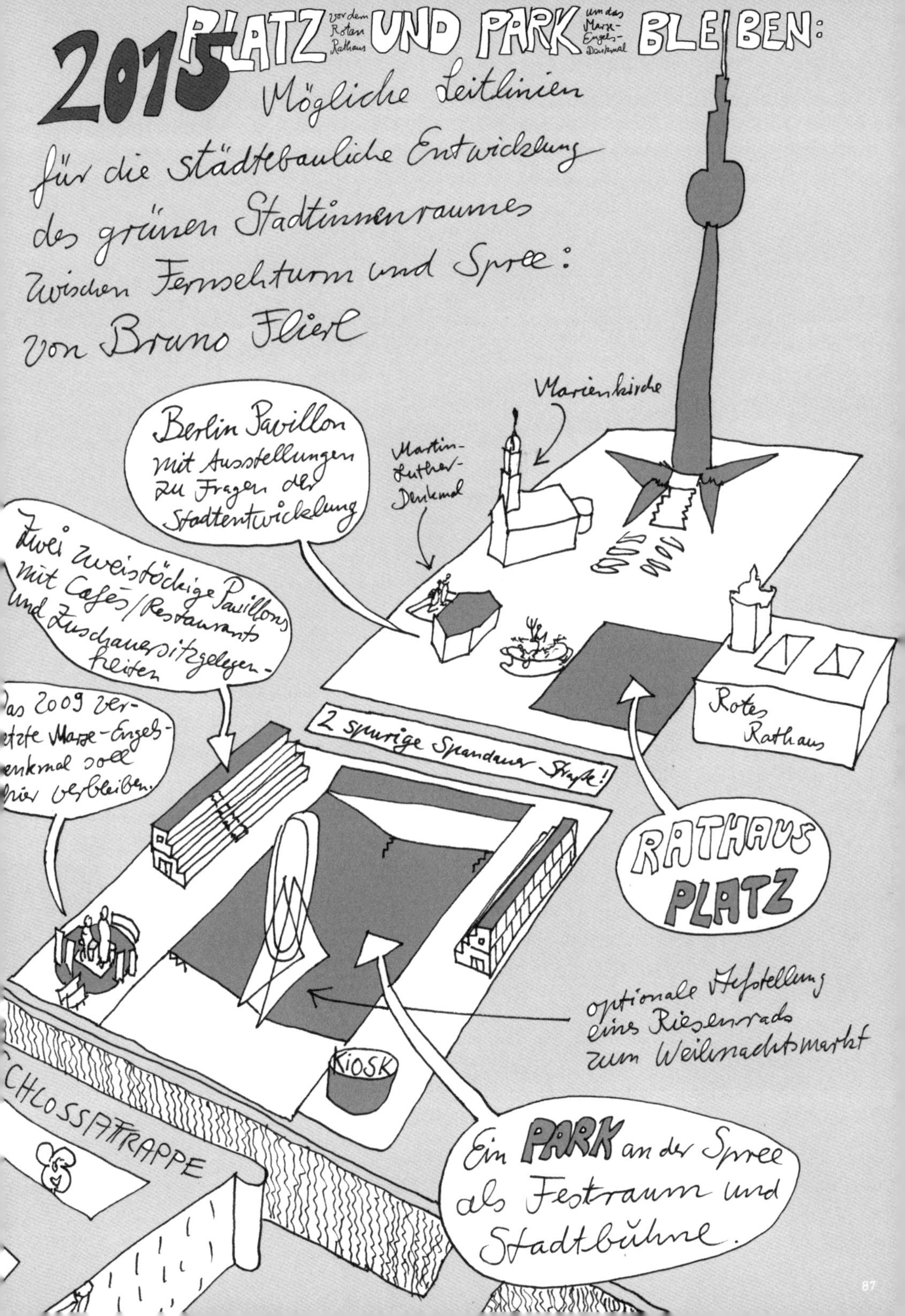
2015
PLATZ vor dem Roten Rathaus UND PARK um das Marx-Engels-Denkmal BLEIBEN:
Mögliche Leitlinien
für die städtebauliche Entwicklung
des grünen Stadtinnenraumes
zwischen Fernsehturm und Spree:
von Bruno Flierl
Marienkirche
Martin-Luther-Denkmal
Berlin Pavillon mit Ausstellungen zu Fragen der Stadtentwicklung
Zwei zweistöckige Pavillons mit Cafés/Restaurants und Zuschauersitzgelegenheiten
as 2009 ver-
etzte Marx-Engels-
enkmal soll
ier verbleiben.
2 spurige Spandauer Straße!
Rotes Rathaus
RATHAUS PLATZ
optionale Aufstellung eines Riesenrads zum Weihnachtsmarkt
KIOSK
CHLOSSATTRAPPE
Ein PARK an der Spree als Festraum und Stadtbühne.

Resümee und Zusammenfassung
Gemeinsame Schlussdiskussion

MARX-ENGELS-FORUM – JA! *Plötzlich diese Teilhabe*

Das Marx-Engels-Forum liegt inmitten des Berliner Zentrums zwischen Fernsehturm und Rathausvorplatz mit Neptunbrunnen im Osten und Spree und Schlossneubau im Westen. Das Forum ist ein von Grünflächen umschlossenes Skulpturenensemble, das seit 1945 – teilweise im Jahresrhythmus – verschiedene Planungs- und Bebauungsphasen durchlief.
In den 1950er/60er Jahren war das heutige Marx-Engels-Forum der Ort, an dem ein Hochhaus für die DDR-Regierung projektiert wurde.(1) Eine repräsentative Marx-Engels-Skulptur wanderte in diesen Planungen immer wieder von einer auf die andere Seite der Spree. Walter Ulbrichts Entscheidung für den Bau des Fernsehturms (1964) und Erich Honeckers Entscheidung, den Palast der Republik (1971) zu errichten, führten dazu, dass die Fläche unbebaut blieb. Es dauerte weitere 15 Jahre, bis 1986 eine vierteilige Denkmalanlage verwirklicht wurde, in der die seit 1950 gewünschte Marx-Engels-Skulptur endlich ihren Platz fand.(2)

Seit der politischen Wende 1989 wird dieser innerste Stadtraum Berlins neu verhandelt und baulich verändert. Den bisher markantesten Eingriff stellte der Abriss des Palastes der Republik dar, der einem dreiseitigen, nach Westen ausgerichteten Schlossneubau zu weichen hatte.(3) Die vierte, nach Osten zeigende Fassade des Neubaus wird in zeitgenössischer Berliner Einheits-Schlitzfenster-Monotonie gestaltet. Ganz anders auf der östlichen Seite des Marx-Engels-Forums zwischen Marienkirche und Rotem Rathaus: Hier träumen verschiedene historische Vereine vom Wiederaufbau des ‚alten' Neuen Marktes. Manche wollen dafür sogar die Fußumbauung des Fernsehturmes abreißen.

Im Streit um das Marx-Engels-Forum und seine unmittelbare Umgebung treffen Rückbaufantasien und Erhaltungsbestrebungen direkt aufeinander. Es geht um ein grundsätzliches Stadt- und Geschichtsverständnis: auf der einen Seite die Befürworter*innen der parzellengenauen Rekonstruktion des mittelalterlichen Stadtgrundrisses, auf der anderen Seite die Verteidiger*innen des öffentlichen Raumes und seiner jüngeren Geschichte, die gleichzeitig gegen die Interessen privatwirtschaftlicher Verwertung antreten. Auch lässt sich die Debatte nicht vom Kontext des fortwährenden Abrisses architektonischer Zeugnisse der DDR-Moderne trennen, der gerade im historischen Zentrum Berlins seit 20 Jahren mit aggressiver Vehemenz betrieben wird.(4)

Bereits das *Planwerk Innenstadt* von 1999 weist die Fläche des Marx-Engels-Forums als grüngeprägten Freiraum aus. Der Ideen-Workshop *Visionen* von 2009 und auch die *Städtebauliche Potenzialanalyse* von 2011 lieferten zwar mehrere neue Vorschläge für das Gebiet, aber eine Entscheidung wurde bis heute nicht getroffen.[(5)]

Das letzte Format – ein umfangreiches Bürgerbeteiligungsverfahren, das von Februar bis November 2015 stattfand – empfahl, den Grünraum des Marx-Engels-Forums beizubehalten und ihn nach Fertigstellung der U-Bahnlinie 5 neu zu gestalten und ökologisch aufzuwerten.

***Plötzlich diese Teilhabe* oder was?**

Wie soll nun also der Bereich zwischen Fernsehturm und Schlossneubau umgestaltet und genutzt werden? 2014 beauftragte das Berliner Abgeordnetenhaus die Senatsverwaltung für Stadtentwicklung und Umwelt, einen Dialogprozess zur Zukunft des Marx-Engels-Forums und des Rathausforums mit dem Ziel durchzuführen, Leitlinien für einen städtebaulichen Wettbewerb zu definieren. Die Politik verpflichtete sich, den Beteiligten des gewollt ergebnisoffenen und transparenten Prozesses auf Augenhöhe und ohne Vorfestlegung zu begegnen. Ein 15-köpfiges Kuratorium sollte über die Qualität des Beteiligungsverfahrens ‚wachen', die Agentur Zebralog übernahm die Gesamtkoordination. 24 Dialogbotschafter*innen, die in den ersten Bürgerveranstaltungen gefunden wurden, bildeten ein Bürgergremium. Trotz alledem behielt sich das Abgeordnetenhaus die abschließende Entscheidung über die Zukunft der Fläche vor.

Der Dialogprozess erhielt den Titel *Alte Mitte – neue Liebe? Stadtdebatte Berliner Mitte 2015*. Der Auftaktveranstaltung am 18. April 2015 ging eine zweimonatige Online-Umfrage voraus. Neben einem Online-Dialog wurden im Juni 2015 zwei Fachkolloquien und drei Wochen später eine Bürgerwerkstatt durchgeführt. Parallel gab es über den Sommer an fünf verschiedenen Tagen *Erkundungstouren* und an zwei Tagen *Partizipatives Theater* vor Ort mit Passant*innen. Das ganztägige Halbzeitforum fand am 5. September 2015 statt. Danach folgten ein drittes Fachkolloquium, eine zweite Bürgerwerkstatt, eine zweite Phase des Online-Dialogs, weitere vier *Erkundungstouren*, aber nur noch einmal *Partizipatives Theater*. Die *Open-Air-Ausstellung zur Stadtdebatte* mit sechs bedruckten und über das Areal verteilten Holzmodulen gilt es ebenfalls zu erwähnen. Am 28. November 2015 kam es dann endlich zum Abschlussforum.

Die Teilnehmer*innen des Dialogprozesses einigten sich auf zehn *Bürgerleitlinien für die Berliner Mitte*: Sie soll vor allem ein Ort für alle sein, mit abwechslungsreichen Erinnerungselementen zur Verdeutlichung der Geschichte des Ortes.

Sie soll den Platz vor dem Roten Rathaus als einen Ort der Demokratie verstehen und gleichzeitig Raum für Kultur und Kreativität bieten. Sie soll ein öffentlicher und nicht-kommerzieller Ort bleiben, der als ‚Grüne Oase' der Erholung und dem Stadtklima dient. Dafür soll sie verkehrsberuhigt und zur Spree hin geöffnet werden. Die vorhandenen Sichtachsen sollen erhalten bleiben. Insgesamt soll sie beständig weiterentwickelt werden und durch flexible und temporäre Nutzungen zukunftsfähig und dynamisch bleiben.
Die mittelalterliche Rekonstruktion wurde komplett abgelehnt. Über einige Punkte herrschte jedoch nach wie vor Uneinigkeit: die Teilbebauung sowie die Vorplatzgestaltung und Wiederherstellung des Neuen Marktes an der Marienkirche. Das Abschlussforum am 28. November 2015 legte fest, dass es einer fachlichen Vertiefung einzelner Fragestellungen bedarf und deshalb die *Bürgerleitlinien* noch nicht Grundlage eines Wettbewerbes sein können. Diese Vertiefung solle von der Verwaltung mit Fachleuten durchgeführt und die Öffentlichkeit auf Veranstaltungen entsprechend informiert werden. Die *Bürgerleitlinien* wurden am 9. Juni 2016 fraktionsübergreifend vom Berliner Abgeordnetenhaus bestätigt und beschlossen. Sie sind auch Teil des im November 2016 verabschiedeten Koalitionsvertrages der neu gewählten Regierungskoalition aus SPD, Linke und Grünen.

Wie lässt sich dieses Beteiligungsverfahren bewerten?
Folgendes muss klar festgehalten werden: Es handelte sich um eine Bürgerbefragung. Es wurden Informationen verteilt, Unterhaltungsangebote gemacht, Meinungen abgefragt, gesammelt und als Empfehlung an den Senat weitergereicht. Von Anfang an war der sogenannte Bürgerdialog vom sogenannten Expertendialog getrennt. Man kam nur zu den Halbzeit- und Abschlussforen zusammen. Diskutiert wurde immer in Kleinstgruppen zu spezifischen Themen, die Debatte zu grundsätzlichen und gesamtstädtischen Fragen blieb außen vor.
Als ‚Erfolg' mag gelten, dass die *Bürgerleitlinien* nun Grundlage weiterer Entscheidungen sind, was nichts anderes bedeutet, als dass der moderne Stadtgrundriss mit einem Platz vor dem Roten Rathaus und einem grünen Marx-Engels-Forum gemeinhin akzeptiert zu sein scheint. Dennoch ließ man sich ein kleines Hintertürchen offen, um möglicherweise an bestimmten Stellen – beispielsweise am ‚alten' Neuen Markt oder an den Rändern des Marx-Engels-Forums – eine Platzbebauung beziehungsweise straßenseitige Blockrandbebauung zu realisieren. Vielleicht ist dies der Tatsache geschuldet, dass hier die Lager der Rekonstruktion auf der einen Seite und der Verteidigung des modernen Stadtraumes auf der anderen Seites erstmals nach Jahrzehnten in einem Raum zusammen über einen konkreten Ort diskutierten.
Als ‚Misserfolg' ist festzuhalten, dass ein Fachgremium die Handlungsempfeh-

lungen für die Gestaltung des Ortes ausarbeiten und diese per Newsletter sowie gegebenenfalls in Versammlungen den Bürger*innen mitteilen wird. [6] Von einer ernstgemeinten Bürgerbeteiligung auf Augenhöhe ist das weit entfernt.

Marx-Engels-Forum – JA!

Das Marx-Engels-Forum ist ein Erinnerungsort par excellence im Zentrum Berlins. Ich verstehe es als typisch unterforderte Grünfläche. Der Charme des Unfertigen und die überraschende Weite ergeben einen Raum für Ideen und potenzielle Nutzungen. Wie lässt sich das offene Gelände – JA, genau darum geht es – an dieser zentralen Stelle attraktiv gestalten und gleichzeitig erhalten? Welche Vereinbarungen wären notwendig, um eine ständig wechselnde Nutzung des Forums zu ermöglichen?

Die Spree und das Marx-Engels-Forum als ein Ort für Wasserski und Picknick, mit Schriftsteller*innen auf Baumhäusern und Ausstellungen, die um mobile Küchen angeordnet sind. Flexible Bauten, die innerhalb eines Tages auf- und wieder abzubauen sind, könnten dabei im ‚Keller' der Grünfläche versteckt werden. Um diese Freiheit in der Aneignung zuzulassen, müsste sie in die Gestaltung des öffentlichen Raumes eingeschrieben sein. Das beginnt damit, den modernen Stadtgrundriss nicht zu verleugnen und ihn in einem ernstgemeinten Beteiligungsverfahren weiterzuentwickeln. Was liegt näher, als den Stadtraum von der Kunst ausgehend über die physische Präsenz von verschiedenen skulpturalen Setzungen auszuformen und neu zu strukturieren?
Skulpturale Setzungen, die sozusagen im Gegensatz zu architektonischen Setzungen einen Raum dazwischen definieren, der nach wie vor für alle zugänglich ist und somit von verschiedenen Nutzergruppen temporär gestaltet werden kann. Schließlich waren die Skulpturen zuerst da – nicht nur Marx und Engels!
Vielleicht sind es ja gerade diese ‚greifbaren' Entscheidungen, die ein ernsthaftes Beteiligungsverfahren ermöglichen oder zu Ergebnissen führen, die sich kein Experte ausdenken kann. Unter diesem Gesichtspunkt ist die Frage, ob der Neptunbrunnen an seinem Ort bleibt, eine völlig neue. Auch die beiden axial vor dem Eingang des Roten Rathauses aufgestellten Skulpturen der Aufbauhelferin und des Aufbauhelfers würden sicher neu platziert werden. So gesehen könnte es sogar sinnvoll sein, Teile der Königskolonnaden (die sich ursprünglich südlich des Fernsehturms befanden und heute im Kleistpark stehen) zurückzuholen. Auch der Platzbedarf von 170 qm (ursprüngliche Grundfläche) für die wiederaufgestellte Martin-Luther Skulptur und die 2.800 qm für das vierteilige Skulpturenensemble mit der Marx-Engels-Skulptur wären dann sozu-

sagen neu zu strukturierende Flächen, die automatisch das restliche Gebiet in seiner Nutzung beeinflussen würden. Auch die im Beteiligungsverfahren 2015 immer wieder gewünschten *Geschichtsfenster* als Erinnerungsorte – wofür das Moses-Mendelssohn-Denkmal sicher ein erstes Beispiel ist – könnten in diesen Prozess eingebunden werden.[7]

Ich stelle mir vor, die Debatte über die skulpturalen Neuplatzierungen sowie die Nutzung einzelner Teilbereiche in einem zu gründenden *Institut für die Skulpturale Entwicklung des Öffentlichen Raumes (ISEÖR)* vor Ort zu führen. Egal ob von der Skulptur oder vom Stadtraum ausgehend: ein Pavillon oder Zelt für Ausstellungen und Veranstaltungen, worin die zukünftige Entwicklung des Marx-Engels-Forums und des Rathausforums reflektiert wird (keine Info-Box!), wäre ein richtiger Schritt zur Ermöglichung von Bürgerbeteiligung. Es braucht diesen realen Treffpunkt, um herauszufinden, wie sich der Raum mit den Interessen verschiedener Nutzer*innen verbinden lässt. Wie kann ernstgemeinte Teilhabe praktiziert werden? Durch das Zulassen von Ungeplantheit in der Belegung von städtebaulichen Flächen, die einen Aneignungsprozess durch unterschiedliche Personengruppen erst ermöglicht. Marx-Engels-Forum – JA! – als reales Forum!
In diesem können die Wünsche der verschiedenen Nutzergruppen vorgestellt, gesammelt und für ihren Vergleich ein gemeinsames Modell gefunden werden: Ein räumliches Display, das groß genug ist, beide Foren zu denken und zu entwickeln, mit einem Expertenteam vor Ort für Veranstaltungen und Ergebnisdokumentationen.

Nachdem Marx und Engels den Palast der Republik jahrelang im Rücken hatten und gen Osten auf den Fernsehturm schauten, mussten sie die letzten Jahre die Errichtung des Schlossneubaus im Westen mit ansehen. Bei ihrer Neuaufstellung sollten sie vielleicht endlich einmal nach Süden der Sonne entgegen blicken!

(1) Bereits 1955 betitelte der 2003 verstorbene Architekt Gerhard Kosel diese Fläche mit Marx-Engels-Forum. Kosel war von 1961–65 Präsident der Bauakademie der DDR und von 1967–72 stellvertretender Minister für Bauwesen.

(2) Die Denkmalanlage wurde von Ludwig Engelhardt, dem Bildhauer der Marx-Engels-Skulptur, konzipiert. Mehrere künstlerische, aufeinander bezogene Elemente sollten Marx und Engels umrahmen und dabei den Weg der Menschheit darstellen: von *Die Alte Welt* (Marmorrelief von Werner Stötzer) *über Der internationale Kampf der Arbeiterklasse* (acht Stahlstelen mit 144 eingravierten Fotografien, entworfen von Arno Fischer und Peter Voigt) zu *Der Würde und Schönheit freier Menschen* (Bronzerelief von Magret Midell). Die architektonische Umsetzung der Anlage auf einer kreisrunden Fläche von 60 Metern Durchmesser erfolgte durch Peter Flierl. Das nur drei Jahre vor Mauerfall eingeweihte Marx-Engels-Forum wurde im Volksmund auch als ‚Rentnerdenkmal' bezeichnet. Der müde sitzende Marx und der steif und unbeweglich im langen Mantel mit starren Blick in die Ferne schauende Engels repräsentierten für viele ein in sich erstarrtes Regime. Von sozialistischem Aufbruch war hier nichts mehr zu spüren.

(3) Schafft es 2017 noch jemand zu erklären, wie es dazu kam, dass in Berlin die Schlossfassade wieder aufgebaut wird?
Es ist ganz eindeutig, dass es eine Gruppe von Traditionalisten, Schlossfans, eigentlich auch preußisch determinierte Historisten gab, die das Schloss wieder aufbauen wollten. Diese scharten sich Anfang der 90er Jahre um Wilhelm von Boddien. Er hat die Idee vom Schloss durch eine Plastik-Plane [1993-94 wurde die Nord- und Westseite des Schlosses mit einer Gerüststangen-Plastikplanen-Simulation im Maßstab 1:1 als Bild aufgebaut, Anm. d. Verf.] medienwirksam gemacht. Nie war klar, was da eigentlich rein soll. Das hat ihn gar nicht gestört, er hat die Leute dran gewöhnt, mit dem Bild des Schlosses die Erlösung für die Zukunft zu finden.
(Gespräch des Autors mit Bruno Flierl am 22. November 2016)
Die Bundesregierung und der Senat von Berlin setzten im November 2000 eine Kommission ein, die Vorschläge zur Architektur und Nutzung des Neubaus am Schlossplatz erarbeitete. Die Kommission (zehn Vertreter der Politik und 16 Fachleute) empfahl am 17. April 2002 den Wiederaufbau der Barockfassaden und des Schlüterhofes des Berliner Schlosses.
Für die Nutzung schlug sie vor, das Schloss unter dem Begriff Humboldt-Forum weitgehend museal zu nutzen und es im Kontext der Museumsinsel, auf der die europäische Kunst untergebracht ist, zu einem Museum der Weltkunst auszubauen.
In der Kommission habe ich gelernt, was Demokratie ist, nämlich ein Management der Herrschenden, die so tun, als wäre es Demokratie. Ich durfte alles sagen. Danach hieß es: Dankeschön, Herr Flierl. Es wurde nie nachgefragt oder resümiert. Alle konnten etwas sagen, aber nur eine bestimmte Gruppe wusste, was rauskommt. Das wurde dann formuliert, während draußen die Presse wartete und drängte: ‚Na, habt ihr nun das Schloss beschlossen?.
(Gespräch des Autors mit Bruno Flierl am 22. November 2016)

Die Experten-Kommission empfahl dem Bundestag zwei Varianten zur Abstimmung. Am 4. Juli 2002 stimmten 384 Abgeordnete (von 586 gültigen Stimmen) für den Wiederaufbau der Nord-, Süd- und Westfassade des ehemaligen Stadtschlosses. Die Fassadengestaltung einem offenen Architektenwettbewerb zu überlassen, überzeugte nur 133 Abgeordnete. Im Vorfeld hatte Bundestagspräsident Wolfgang Thierse dazu aufgerufen, eine „Blamage der Politik" zu verhindern und die zwölfjährige Diskussion endlich mit einer Entscheidung zu beenden. Eine Entscheidung ohne zu wissen, wie das Humboldt-Forum eigentlich genutzt wird. Danach nahm die Entwicklung des Schlossneubaus ihren Lauf und soll 2019 abgeschlossen sein.

(4) Eine mehr als 60-jährige moderne Baugeschichte kann man nicht rückgängig machen. Deshalb müssen weitere Abrisse verhindert werden! Es begann mit dem Abriss eines 28 Jahre jungen, voll funktionsfähigen Bürogebäudes, dem Außenministerium Ost (errichtet 1964–67, abgerissen 1995–96), an dessen Stelle die Bauakademie-Simulation aufgestellt wurde. Gerüststangen und Plastikplanen-Plots stehen hier gefühlt seit der Wiedervereinigung, real seit 2004. Mittlerweile ist folgendes sicher: Am 11. November 2016 hat der Deutsche Bundestag beschlossen, 62 Millionen Euro für den Wiederaufbau der Bauakademie zur Verfügung zu stellen. Der Palast der Republik (errichtet 1973–76, abgerissen 2006–2008) wurde durch eine Schlossattrappe ersetzt. Das 1979 eröffnete Palasthotel wurde 2001 für eine Einkaufspassage und ein Hotel mit Sea-Life-Aquarium mit 2.600 Fischen abgerissen. Um die Ecke, im Berlin Dungeon, kann man im 1. Obergeschoss eine 60-minütige Geisterbahnfahrt durch „700 Jahre grauenhafte Berliner Geschichte" (Orginaltext Dungeon) machen. Die freie Zugänglichkeit des Fernsehturms im 1. Obergeschoss wurde durch einen zusätzlichen Eingang verbaut. Dieser beherbergt zur Zeit die Körperwelten-Ausstellung Gunther von Hagens. Die Kunsthalle im Nordpavillon der Fußumbauung des Fernsehturms musste einem Restaurant weichen. Der Alextreff wurde abgerissen und durch einen schwarzen Cineplex-Kubus ersetzt. Das dahinterliegende DDR-Gesundheitsministerium verschwand für einen Hotelneubau. Die Rathauspassagen wurden ohne die ursprünglich öffentlichen Querpassagen so verbaut, dass sie nur noch für Großmärkte à la Decathlon funktionieren.
Heute nun, mit dem Aufbau der Schlossfassade als Tourismushighlight und dem kommerzialisierten Alexanderplatz mit neun Büro- und Wohntürmen (aktualisierte Kollhoff-Planung von 2015), sind das Marx-Engels-Forum und das Rathausforum die zuletzt verbliebenen, von der Stadtbevölkerung nutzbaren Freiräume. Man wundert sich, dass diese angesichts der angrenzenden Verdichtung überhaupt zur Disposition stehen. Es reicht! Verschont uns mit dieser sogenannten Stadtentwicklung.

(5) Der Workshop *Visionen* von 2009 ist wohl der medial wirksamste, aber auch provokativste gewesen. Vom 14.5.–17.12.2009 entwickelten die zwei Architekturbüros Chipperfield und Craft mit dem Landschaftsplanerbüro Kiefer fünf Visionen. Anlieger und Interessierte – egal ob Laie oder Fachmann – waren eingeladen, Visionen zu diskutieren, die anschließend von

den oben genannten Planern visualisiert wurden. Im Ergebnis wurden die beiden Visionen *Stadtpark* und *Archäologischer Garten*, die das Marx-Engels-Forum und Rathausforum begrünen, präsentiert. Zwei weitere Visionen, die der *Städtischen Bühne* und der *Esplanade*, legten im Großen und Ganzen eher einen Stadtplatz über die beiden Foren. Medial am meisten diskutiert wurde allerdings die Vision *Uferterrassen*, die beide Foren mit Wasser flutete und somit das Spreeufer bis zum Fernsehturm erweiterte.
www.stadtentwicklung.berlin.de/staedtebau/projekte/historische_mitte/rathausforum/de/planung/visionen_2009.shtml (Letzter Zugriff am 12.1.2017)

(6) Diesen Newsletter könnten dann nur jene Personen bekommen, die bis dato online an der Bürgerbeteiligung teilgenommen haben: 1.500 Personen aus den beiden Online-Dialogen und zusätzlich 800–900 Teilnehmende der Online-Umfrage, insgesamt also rund 2.300 Personen. Das sind für eine Weiterentwicklung des Verfahrens verhältnismäßig wenige. Vor allem dann, wenn zwischen der Abschlussveranstaltung (28.11.2015) und dem ersten nachfolgenden Newsletter, der zu einem öffentlichen Expertenworkshop einlädt (10.1.2017), mehr als ein Jahr liegt.
Vgl. Luise Adrian, Ricarda Pätzold, Beteiligungsverfahren Rathausforum Berlin. Schlussfolgerungen, übertragbare Ansätze und Fallstricke, Berlin 2016, S. 17.

(7) In diesem Zusammenhang sollte man sich in Erinnerung rufen, dass von den insgesamt 1.200 Grundstücken im Stadtkern 225 in jüdischem Besitz waren. Diese wurden während des Nationalsozialismus zwangsenteignet (siehe auch S. 2–3 dieses Heftes). Bis heute erhielten lediglich 15 der Eigentümerfamilien eine Entschädigung. Die Speersche Stadtplanung von Berlin als Germania war nur durch die ‚Entjudung' des Grundbesitzes möglich und folglich auch die komplette Planung der DDR zwischen Alexanderplatz und ehemaligem Schloss. Der Bund und das Land Berlin haben sich nach 1990 die nicht bebauten, ehemals jüdischen Grundstücke gesichert. Es ist an der Zeit, das zumindest öffentlich zu debattieren und eine Form des öffentlichen Gedenkens zu finden.
Vgl. Benedikt Goebel, Lutz Mauersberger, „Geraubte Mitte. Die „Arisierung" des jüdischen Grundeigentums im Berliner Stadtkern 1933–1945", Berlin 2013.

ERHALTET DEN NICH
FREIRAUM
© ERIK GÖNGRICH
23.4.15
VOM ALEX ZUM SCHLOSSNEUBAU UND

OMMERZIELLEN
STREITWERT
DENKMAL
NEPTUNBRUNNEN 2
PAVILLON
1
2
RATHAUS PLATZ
MARX ENGELS PARK
KLOSTERVIERTEL ZUM HACKESCHEN MARKT

Karl-Liebknecht-Straße

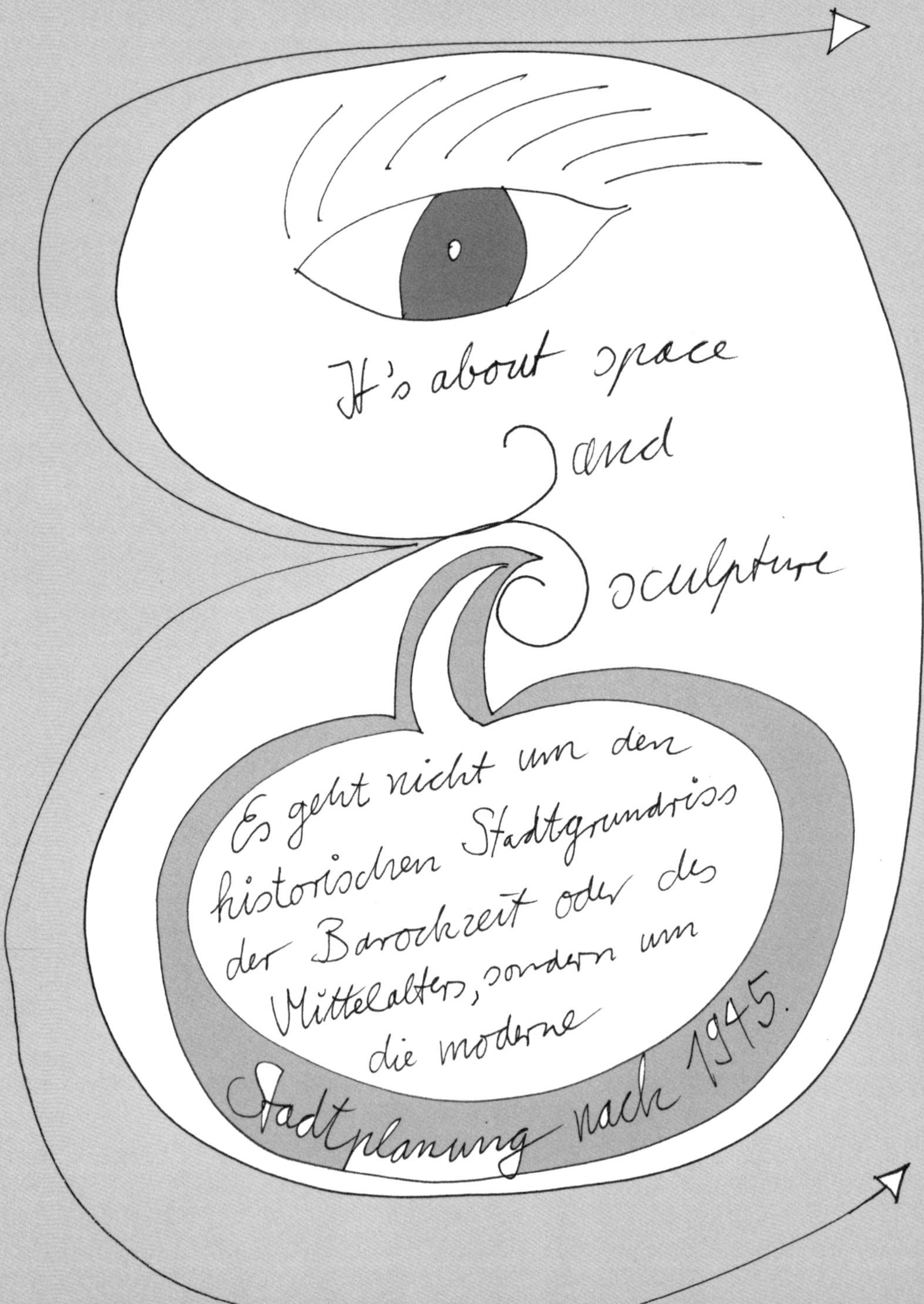
It's about space
and
sculpture
Es geht nicht um den
historischen Stadtgrundriss
der Barockzeit oder des
Mittelalters, sondern um
die moderne
Stadtplanung nach 1945.

IN DIESEM HAUSE
LEBTE UND WIRKTE UNSTERBLICHES
MOSES MENDELSSOHN
GEB. IN DESSAU 1729. GEST. IN BERLIN 1786.

AUSGEHEND VON
DEN EHEMALIGEN, DEN VORHANDENEN
UND DEN NEU HINZUKOMMENDEN
SKULPTUREN DEN STADTINNEN
ENTWICKELN:
KARL MARX UND FRIEDRICH ENGELS
MARTI
LUTH
Dom
Humboldt-Forum im Stadtschloss
Schlossp
ursprüngl
Standort
Neptunbru

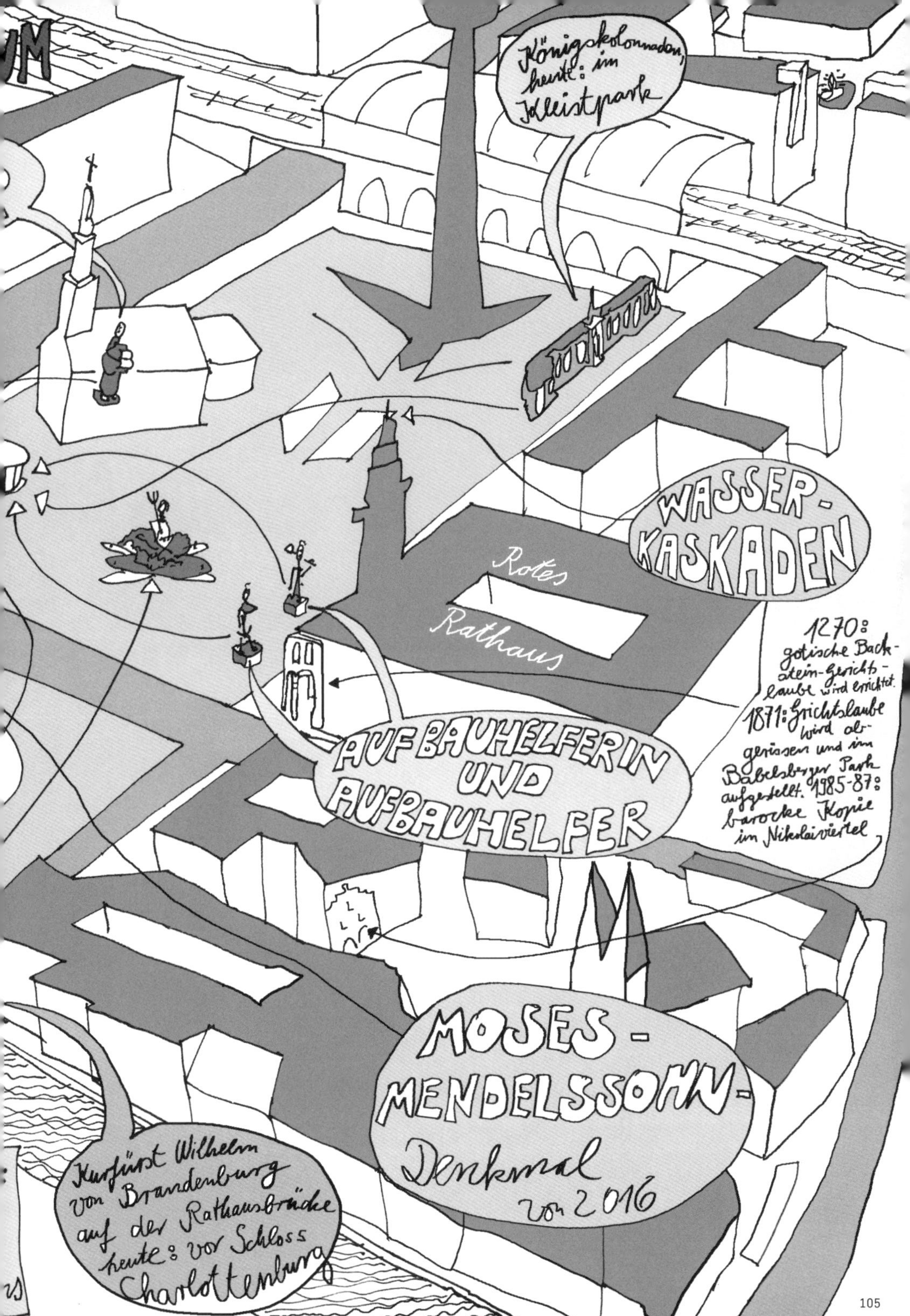
Königskolonnaden, heute: im Kleistpark
WASSER-KASKADEN
Rotes Rathaus
1270: gotische Backstein-Gerichtslaube wird errichtet. 1871: Gerichtslaube wird abgerissen und im Babelsberger Park aufgestellt. 1985-87: barocke Kopie im Nikolaiviertel
AUFBAUHELFERIN UND AUFBAUHELFER
MOSES-MENDELSSOHN-Denkmal von 2016
Kurfürst Wilhelm von Brandenburg auf der Rathausbrücke heute: vor Schloss Charlottenburg

C&A

INFERNO
KONSTANZ
ABRISS
TECHNO
UNDECIMO
MAKS
CDT. CREW.
The Duder
VZDOR
WLCM

ROBE
FORE
PLUS
CREW
WBR

ALBA

SKULPTUREN als autarke Setzung
ohne Schilder
SKULPTUR als institutionelle Einrichtung
mobil und verschiebbar

HABEN UND BRAUCHEN

Was wir BRAUCHEN: MARX-ENGELS-FORUM mit PRODUKTIONSwerkstätten, AUSSTELLUNGSpavillons, GRUPPEN-RESIDENCY-Studios, offenen KÜCHEN-HÄUSER, LESE- und MUSIK-BOXEN; frei flottierend zwischen Bäumen, gebaut aus Stroh und flüssigem Holz...
NEPTUNBRUNNEN, FERNSEHTURM UND ST. MARIENKIRCHE... BLEIBEN wie sie sind!
Was wir HABEN, aber NICHT BRAUCHEN: Blockrandbebauung mit einem STADTSCHLOSS als HÜLLE für aussereuropäische Kulturen

Bundesrepublik Deutschland
Land Berlin
BVG
Berliner Verkehrsbetriebe
WIR BAUEN FÜR BERLIN
U
U5 Neubau U5
Bahnhof Berliner Rathaus bis
Bahnhof Brandenburger Tor
Bauvorbereitende Maßnahmen
Archäologische Rettungsmaßnahmen
mit begleitendem Tiefbau
Bauherr:
Berliner Verkehrsbetriebe (BVG)
Anstalt des öffentlichen Rechts
Bereich Infrastruktur
Neubau U5
Holzmarktstraße 15-17
10179 Berlin
Tel.: 030 / 2 56 - 0
Archäologie:
Landesdenkmalamt Berlin
Klosterstraße 47
10179 Berlin
Tel.: 030 / 90 27 36 84
030 / 90 27 36 80
Bauoberleitung/
Bauüberwachung/
SiGe-Koordination:
Ingenieurgesellschaft Neubau U5 (ig n u5)
- Schüßler Plan Berlin
- Artus Architekten Berlin
- Fritsch, Chiari & Partner Wien
Friedrichstraße 95
10117 Berlin
Tel.: 030 / 20 9
Bauausführung:
Tischer Ingenieurrückbau GmbH
Lagerweg 14
13599 Berlin
Tel.: 030 / 3 54
Objektschutz:
Securitas Sicherheitsdienste
GmbH & Co. KG
Hallesches Ufer 74-76
10963 Berlin
Tel.: 030 / 5 01
NIEMEIER
MIETSTATION

SOFORT MIETEN!
MVS ZEPPELIN
park inn

ISEÖR
Institut für die Skulpturale Ent
Wie und
Wie lassen
Welche neuen skulpturalen Eingriffe mü
um der Geschichte des Ortes gerecht
Wo werden historische
sich Bedeutungen verschieben
Marmorrelief
Werner
Das Marx-Engels-Forum-Skulpturenensemble
acht Stahlstelen mit 144 Fotografien...
3
WIR SIND UNSCHULDIG
TUT
4
Relief
Bronze von Margret
Der Architekt Peter Flierl gestaltete die kreisförmige Aufstellfläche mit einem Durchmesser von 60 Metern.
Aufbauhelfer und Aufbauhelferin vorm Roten Rathaus von Fritz Cremer

lung des Öffentlichen Raumes 2017
18
2019
pturen wieder aufgestellt?
er hervorheben?
hinzukommen,
zu werden?
Wem war eigentlich bewusst, dass die „Wiederaufstellung" des Luther-Denkmals statt der 3qm für den Sockel plötzlich 170qm Fläche beansprucht?
1
stellt aus vier skulpturalen Arbeiten: 1-4
2
arx-Engels-Skulptur von Ludwig Engelhardt
3
ausgewählt von Arno Fischer und Peter Voigt
Martin-Luther-Bronze von Paul Otto und Robert Toberentz
Zweiter Martin Luther von Albert Weis
Vor der Marienkirche
Der Neptunbrunnen von Reinhold Begas

P
2x
P
Mo-Fr 09-20 h
Sa 09-18 h
ca. 900

KRISTALLISATIONSKUNST
MIT
ZELT

Die Zeichnungen wurden durch Texte und Fotografien in den unten genannten Publikationen inspiriert. Fehlen genaue Seitenangaben, sind diese als Quelle in ihrer Gesamtheit wichtig. Die Fotografien in diesem Heft stammen, außer S. 12–13 und S. 60, von Erik Göngrich.

S. 2–3 __ Plan von 1945, der die Zerstörungen rund um das zukünftige Marx-Engels-Forum zeigt. Die ,arisierten Häuser' sind auf www.aktives-museum.de dokumentiert.

S. 4–5 __ Gerrit Confurius, Versuch eines gesamtdeutschen Neuanfangs: Ordnung zu schaffen in der verzweifelten Unordnung. Hans Scharoun als Stadtplaner, in: Thorsten Scheer, Josef Paul Kleihues, Paul Kahlfeldt (Hg.), Stadt der Architektur – Architektur der Stadt. Berlin 1900 – 2000, Berlin 2000. S. 215–227.
Carsten Krohn, Das ungebaute Berlin. Stadtbaukonzepte im 20. Jahrhundert, Berlin 2010, S. 119.

S. 6–7 __ Eckhart Gillen, Der „Turm der Signale" als das wahre Marx-Engels-Denkmal, in: Paul Sigel, Kerstin Wittmann-Englert (Hg.), Freiraum unterm Fernsehturm. Historische Dimensionen eines Stadtraums der Moderne, Berlin 2015, S. 121–148.

S. 8–9 __ Jörn Düwel, Am Anfang der DDR: der Zentrale Platz in Berlin, in: Romana Schneider, Wilfried Wang (Hg.), Macht und Monument. Moderne Architektur in Deutschland 1900 bis 2000, Ostfildern-Ruit 1998, S. 163–187.
Bruno Flierl, Hauptstadtplanung im geteilten und vereinten Berlin, in: Harald Bodenschatz, Thomas Flierl (Hg.), Berlin plant. Plädoyer für ein Planwerk Innenstadt Berlin 2.0, Berlin 2010, S. 38–73.
Dorothea Tscheschner, Sechzehn Grundsätze des Städtebaus und die Charta von Athen?, in: Scheer, Kleihues, Kahlfeldt (Hg.), Stadt der Architektur – Architektur der Stadt, S. 295–269.

S. 10–11 __ Berlinische Galerie, Landesmuseum für Moderne Kunst, Fotografie und Architektur (Hg.), So weit kein Auge reicht. Berliner Panoramafotografien aus den Jahren 1949–1952, Berlin 2009.
Gillen, Der „Turm der Signale" als das wahre Marx-Engels-Denkmal, S. 121–148.

S. 12–13 __ Luftbild Berlin, 1953, Senatsverwaltung für Stadtentwicklung und Wohnen, Abteilung III – Geoinformation.

S. 14–15 __ Berlinische Galerie, Landesmuseum für Moderne Kunst, Fotografie und Architektur (Hg.), Radikal Modern, Berlin 2015.
Gillen, Der „Turm der Signale" als das wahre Marx-Engels-Denkmal, S. 121–148.

S. 16–17 __ Krohn, Das ungebaute Berlin, S. 156.

S. 18–19 __ Ebd., S. 161.

S. 20–21 __ Ideenwettbewerb zur sozialistischen Umgestaltung des Zentrums der Hauptstadt der Deutschen Demokratischen Republik, Berlin, in: Deutsche Bauakademie und Bund Deutscher Architekten (Hg.), Deutsche Architektur, 9. Jahrgang, Heft 1 (1960), S. 7.

S. 22–23 __ Ebd., S. 17.

S. 25 __ Gabi Dolff-Bonekämper, Stephanie Herold, Der Berliner Fernsehturm: Ansichten und Aussichten, in: Sigel, Wittmann-Englert (Hg.), Freiraum unterm Fernsehturm, S. 71–93.

S. 27 __ Gillen, Der „Turm der Signale" als das wahre Marx-Engels-Denkmal, S. 121–148. Klaus von Beyme, Ideen für eine Hauptstadt in Ost und West, in: Scheer, Kleihues, Kahlfeldt (Hg.), Stadt der Architektur – Architektur der Stadt, S. 239–249.

S. 28 __ Berlinische Galerie, Landesmuseum für Moderne Kunst, Fotografie und Architektur (Hg.), Radikal Modern, S. 58.

S. 29 __ Gillen, Der „Turm der Signale" als das wahre Marx-Engels-Denkmal, S. 121–148.

S. 30 __ Berlinische Galerie, Landesmuseum für Moderne Kunst, Fotografie und Architektur (Hg.), Radikal Modern, S. 55.

S. 31 __ Hermann Henselmann, Ich habe Vorschläge gemacht, Berlin 1995, S. 140.

S. 33 __ Gillen, Der „Turm der Signale" als das wahre Marx-Engels-Denkmal, S. 121–148.

S. 35 __ Haus des Lehrers, 18.4.2015.

S. 36–37 __ Joachim Schulz, Werner Gräbner, Architekturführer DDR: Berlin, Hauptstadt der Deutschen Demokratischen Republik, Berlin 1973.
Joachim Schulz, Werner Gräbner, Berlin: Architektur von Pankow bis Köpenick, Berlin 1987.
Klaus Weise, Wohin in Berlin. Hauptstadt der DDR, Berlin 1979.

S. 38–39 __ Gespräch des Autors mit Bernd Gehrke, November 2016.
www.bpb.de/geschichte/deutsche-geschichte/weltfestspiele-73/65341/einfuehrung, letzter Zugriff am 4. November 2016.

S. 40–41 __ Hans Stimmann, Berliner Altstadt: Neue Orte und Plätze rund um das Schloss, Berlin 2014, S. 78–81.

S. 42–43 __ Siehe Anm. S. 36–37.

S. 44–45 __ Planmodell *Zentrumsbereich Ost-Berlin*, Stand: 1989, Maßstab 1:500, Realstadt. Wünsche als Wirklichkeit, Kraftwerk Mitte, 28.11.2010.

S. 46 __ Blick vom Fernsehturm auf das Marx-Engels-Forum, den Neptunbrunnen und den Abriss des Palastes der Republik, 19.4.2007.

S. 47 __ Düwel, Am Anfang der DDR: der Zentrale Platz in Berlin, S. 163–187.
Bruno Flierl, Stadtzentrum Berlin-Ost, in: Günter Schlusche, Verena Pfeiffer-Kloss, Gabi Dolff-Bonekämper, Axel Klausmeier (Hg.) Stadtentwicklung im doppelten Berlin. Zeitgenossenschaften und Erinnerungsorte, Berlin 2014, S. 42–51.

S. 50–51 __ Eine der letzten Aktionen gegen den Abriss des Palastes der Republik, 19.11.2005.

S. 52–53 __ Abriss des Palastes der Republik während der Vorbereitungen zur Fußball-WM 2006, 11.4.2006.

S. 54–55 __ Abriss heißt jetzt Rückbau, 18.3.2009.

S. 56–57 __ „Die DDR hat´s nie gegeben", Blick auf die Abrissfläche des Palastes der Republik, 22.1.2009.

S. 58 __ Petra Roettig, Sprechende Denkmäler. Von der Inschrift zum Graffito – Formen des Denkmalkommentars, in: kritische berichte, Bd. 20, Nr. 3 (1992), S. 75–82.

S. 60 __ Aktionsfest der Koalition der Freien Szene mit Demonstration vom Lustgarten zum Neptunbrunnen am 28. September 2013, Foto: Michael Schultze.

S. 61 __ Siehe Anm. S. 46.

S. 62–63 __ Fassadenausschnitt des 3. und 4. Obergeschosses des Schlossneubaus. Im Hintergrund das versetzte Skulpturensemble des Marx-Engels-Forums, 7.12.2012.

S. 64–65 __ Schlossneubau und Staatsratsgebäude mit historischem Schlossportal, 20.6.2015.

S. 66 __ Blick von der Humboldtbox auf die zukünftige Schlossfassade, 25. 7. 2015.

S. 70–71 __ Eine der fünf Infoboxen, die zum Bürgerbeteiligungsverfahren *Alte Mitte – neue Liebe? Stadtdebatte Berliner Mitte 2015* einluden, 25.7.2015.

S. 72–73 __ Infoveranstaltung zum Bürgerbeteiligungsverfahren im Umspannwerk Alexanderplatz, 16.2.2015 / 18:30–22:35 Uhr.

S. 74–75 __ Auftaktveranstaltung im Berlin Congress Center (BCC), 18.4.2015 / 14:00–17:30 Uhr.

S. 76–77 __ Halbzeitforum: 15 Thesen wurden durch eine TED-Meinungsabfrage zur Abstimmung gestellt, 5.9.2015 / 14:00–19:00 Uhr.

S. 78–79 __ Zweite Bürgerwerkstatt: Ausarbeitung der 15 Thesen in Arbeitsgruppen im Haus des Berliner Verlages, 17.10.2015 / 10:00–16:00 Uhr.

S. 81 __ Bernd Albers, Vom Humboldt-Forum zum Stadtkern 2030, in: Stimmann, Berliner Altstadt, S. 197–215.

S. 82–83 __ Dieser Entwurf wurde auf dem zweiten Fachkolloquium des Bürgerbeteiligungsverfahrens *Alte Mitte – neue Liebe? Stadtdebatte Berliner Mitte 2015* im Rahmen einer Konzeptmesse präsentiert.

S. 84–85 __ Gesellschaft Historisches Berlin e.V. (Hg.), Neuer Markt und Marienhof, Berlin 2015.

S. 86–87 __ Bruno Flierl, Die Mitte von Berlin – Weiterentwickeln statt Zurückbauen. Ein Beitrag zur Stadtdebatte, in: Hermann-Henselmann-Stiftung (Hg.), Henselmann. Beiträge zu Wohnungsbau und Stadtentwicklung in Berlin 2015, Berlin 2015.

S. 88–89 __ Zweites Fachkolloquium: 20 Konzepte wurden im Rahmen einer Konzeptmesse zur Diskussion gestellt, 22.6.2015 / 17:00–21:30 Uhr.

S. 98–99 __ Institut für Denkmalpflege (Hg.), Die Bau- und Kunstdenkmale in der DDR, Berlin 1983, S. 35.

S. 100–101 __ Berlin-Modell *Historisches Zentrum*, Maßstab 1:500, 18.4.2015 (siehe Anm. S. 74–75).

S. 103 __ Am 14. Juni 2016 wurde das Denkmal *Haus Mendelssohn* von Micha Ullman eingeweiht. Der Künstler rekonstruierte dafür die auf einem historischen Foto des Hauses zu erkennende Fassade mit zwölf Fenstern, einer Tür und einer Gedenktafel im Maßstab 1:1 am ursprünglichen Ort in Form von begehbaren Bodenplatten. 19.3.2016.

S. 106–107 __ Neptunbrunnen, 3.8.2013.

S. 108–109 __ Teile der Denkmalanlage im Marx-Engels-Forum: Marx-Engels-Skulptur von Ludwig Engelhardt und drei der acht Stahlstelen mit eingravierten Fotografien, entworfen von Arno Fischer und Peter Voigt. 20.6.2015.

S. 110 __ Die originale Martin-Luther-Skulptur von Robert Toberentz (1895) wurde im November 2016 an ihrem ursprünglichen Standort vor der Marienkirche wiederaufgestellt. Auf dem Foto ist die Skulptur vom Weihnachtsmarkt rund um den Neptunbrunnen umgeben. 4.12.2016.

S. 112–113 __ *Die Aufbauhelferin* von Fritz Cremer (1958), gesehen durch die Sprechblase der *Erzähl deine Geschichte*-Werbekampagne der Stadt Berlin, 18.3.2009.

S. 114 __ Haben-und-Brauchen-Picknick am 17. Juni 2012 (erste Sprechblase) auf dem zukünftigen Bauplatz des Stadtschlosses (zweite Sprechblase, 5.10.2012).

S. 116–117 __ Baustellenbeginn der U-Bahnlinie 5 zwischen Alexanderplatz und Brandenburger Tor. Vor dem Bauzaun *Der Aufbauhelfer* von Fritz Cremer (1958). 31.1.2010.

S. 120 __ Renovierter Restaurantbau im Nikolaiviertel, 15.8.2015.

S. 125 __ Detail der Marx-Engels-Skulptur von Ludwig Engelhardt, 4.4.2016

S. 128 __ Blick vom Fernsehturm auf das Marx-Engels-Forum mit Baustelle der U5 und Schlossneubau, 25.2.2015.

Umschlag innen hinten __ Siehe Anm. S. 108–109, 25.7.2015.

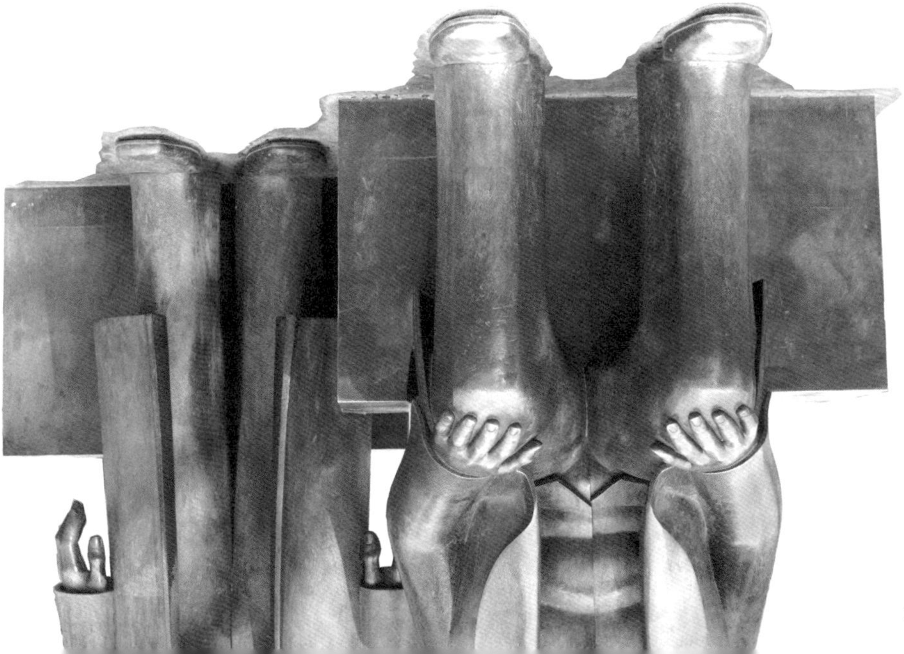

Unter dem Druck des Ereignishaften entstehen blinde Flecken, alternative Sichtweisen und Erzählungen bleiben verborgen, Texte und Bilder unveröffentlicht, das Verschwinden von Orten undokumentiert.

Die *Berliner Hefte zu Geschichte und Gegenwart der Stadt* sind eine fortlaufende Reihe kleiner Publikationen, die künstlerische, essayistische und aktivistische Praxen miteinander verbinden. Die Hefte thematisieren die sozialen, kulturellen und ökonomischen Veränderungen in Berlin und anderen Städten, und greifen in die stadtpolitischen Debatten sowohl historisch reflektierend wie aktuell informierend ein. Die *Berliner Hefte* verstehen sich als ein Produktionszusammenhang, der unterschiedlichen Autor*innen und Herausgeber*innen offensteht und das analoge und digitale Publizieren in Veranstaltungs- und Ausstellungsformate einbezieht.

Berliner Hefte zu Geschichte und Gegenwart der Stadt #3
Marx-Engels-Forum – JA!
Erik Göngrich

Produziert anlässlich des Projektes
Ene Mene Muh und welche Stadt willst Du? Beiträge zum Berliner Wahlherbst 2016
neue Gesellschaft für bildende Kunst, Berlin, 2016/17, www.ngbk.de

nGbK

1. Auflage: 1000 | Februar 2017

Zeichnungen, Text und Fotografien: Erik Göngrich
Recherche: Valeria Fahrenkrog
Lektorat und Korrektorat: Cora Hegewald, Florian Wüst
Bildbearbeitung: Gabi Rada
Gestaltung: Sandy Kaltenborn / image-shift.net
Covergestaltung: Berliner Hefte zu Geschichte und Gegenwart der Stadt in Zusammenarbeit mit image-shift.net
Druck: ruksaldruck, Berlin

Titelbild: Berliner Stadtmodell auf Rollen, das zu den Veranstaltungen des Beteiligungsverfahrens *Alte Mitte – neue Liebe? Stadtdebatte Berliner Mitte 2015* im Berlin Congress Center (BCC) und im Haus des Berliner Verlages mitgenommen wurde. Foto: Erik Göngrich.

Erschienen bei: Berliner Hefte zu Geschichte und Gegenwart der Stadt (Valeria Fahrenkrog, Joerg Franzbecker, Erik Göngrich, Heimo Lattner, Katja Reichard, Ines Schaber, Florian Wüst), www.berlinerhefte.de

Vertrieb: Books People Places, Kulmer Straße 20a, D-10783 Berlin, +49-30-23633447, distribution@bookspeopleplaces.com, www.bookspeopleplaces.com

ISBN: 978-3-946674-02-3

Der Autor dankt Valeria Fahrenkrog, Bruno Flierl, Thomas Flierl, Bernd Gehrke, Cora Hegewald, Wolfgang Kil, Elfriede Müller, Ute Müller-Tischler, Michael Schultze und Florian Wüst.

Die nGbK dankt der Senatsverwaltung für Kultur und Europa für die Förderung und der LOTTO-Stiftung Berlin für die Finanzierung. Das Heft wurde außerdem durch das Bezirksamt Mitte von Berlin, Amt für Weiterbildung und Kultur, Fachbereich Kunst und Kultur gefördert.

LOTTO STIFTUNG BERLIN

kultur mitte